Reimer Gronemeyer

Nichts funktioniert mehr. Welche Chance!

Vom Ende der Dienstleistungsgesellschaft

Reimer Gronemeyer

Nichts funktioniert mehr. Welche Chance!

Vom Ende der Dienstleistungsgesellschaft

edition einwurf

Bibliografische Information der Deutschen Nationalbibliothek:
Die Deutsche Nationalbibliothek verzeichnet diese Publikation
in der Deutschen Nationalbibliografie; detaillierte bibliografische
Daten sind im Internet über http://dnb.d-nb.de abrufbar.

1. Auflage

Königstr. 43, D-26180 Rastede
www.edition-einwurf.de

Satz und Gestaltung: Die Werkstatt Medien-Produktion, Göttingen

ISBN 978-3-89684-717-1
E-Book: 978-3-89684-718-8

Druck und Bindung: CPI, Leck
Printed in Germany

MIX
Papier | Fördert gute Waldnutzung
FSC® C083411

Inhalt

Es ist nicht nur die Erdatmosphäre, die zerstört wird, oder der Mensch, der mit fünfzig ‚ausgebrannt' ist. Auch öffentliche Einrichtungen werden verwüstet.

SHELDON S. WOLIN[1]

Panikattacke

Ein Kurzbesuch in der Dienstleistungsgesellschaft

„Es donnert in den Kitas!"

„Wir können sagen, dass das System auf den Kollaps zugeht", sagt Katharina Raschdorf, Gewerkschaftssekretärin bei Verdi. Sie sagt es im Blick auf die Zustände in sächsischen Kindertagesstätten.[2] Sachsens Personalschlüssel ist im Keller: Im bundesweiten Vergleich findet sich Sachsen auf dem vorletzten Platz. In der Krippe liegt er bei 5,2, im Kindergarten bei 11,5 Kindern pro Erzieher oder Erzieherin. Es sei nicht möglich, sich einmal mit drei Kindern hinzusetzen, um eine Geschichte vorzulesen, klagt eine Kita-Mitarbeiterin. Wenn jemand wegen Krankheit oder Urlaub fehlt, ist die Belastungsgrenze für die Betreuenden schnell erreicht. Die Bertelsmann Stiftung empfiehlt einen Betreuungsschlüssel von eins zu drei in der Krippe, von 1 zu 7,5 im Kindergarten. Aus dem Kultusministerium heißt es: Eine solche Aufstockung würde für Krippen fast 400 Millionen Euro kosten und 6.800 neue Vollzeitstellen bedeuten. Das Geld dafür sei nicht da und das Personal sowieso nicht. Und so beschränkt sich die Tätigkeit der Kinderbetreuung auf die Wahrung der Aufsichtspflicht. Bildungsimpulse zu setzen – die vorgesehen sind –, das ist nahezu ausgeschlossen. Eine Mitarbeiterin sagt, sie kenne niemanden, der momentan zufrieden sei. Deshalb verlassen viele den Beruf vor der Rente: „Wir unterhalten uns häufig darüber: Schaffe ich das noch 35 Jahre mit dieser krassen Belastung?" Und die Erzieherin aus Leipzig ergänzt: „Meiner Meinung nach fehlt ein großer gesellschaftlicher Aufschrei."[3]

Der große gesellschaftliche Aufschrei fehlt, aber wenn man Fledermausohren hätte, könnte man hören, dass in der Bundesrepublik unablässig ein Aufschrei in Zimmerlautstärke stattfindet. Über Kitas. Über Schulen. Über Ärzte. Über Krankenhäuser. Über Handwerker. Über Sparkassen. Das Geld fehlt an allen Ecken und Enden – und das Personal gibt es auch nicht. Was passiert da? Ein Flüstern, ein Mosern, ein Meckern, ein Klagen erfüllt die Luft. Man könnte denken, die Gesellschaft im Ganzen leidet unter einer Panikattacke. Das System geht auf einen Kollaps zu – das gilt nicht nur für Sachsens Kitas, sondern die Panikattacke ist zu einer gesellschaftlichen Grundmelodie geworden. Ob ich mich im Café mit Freunden treffe, auf einer Geburtstagsfeier bin, im Zugabteil sitze oder in der Pizzeria – alle sind sofort beim Thema: Die Bahn fährt nicht. Der Arzt hat keine Termine frei. Die Gastherme wartet auf eine Reparatur. Die Banküberweisung klappt nicht. Alles wackelt, darüber besteht Einigkeit.

Standortwechsel. Frau Müller-Flass sitzt hinter ihrem Schreibtisch in einem großen Altenwohn- und Pflegeheim der AWO. Und sie fragt: „Was ist los mit den jungen Leuten?“ Sie ist seit 1975 in der AWO tätig, Sie sitzt auch jetzt nach ihrer Pensionierung hinter dem Schreibtisch, sie ist vor allem für die Ehrenamtlichen zuständig, kümmert sich aber um alles Mögliche. Aber da – hinter dem Schreibtisch – sitzt sie selten, weil sie viel im Haus und in der Kommune unterwegs ist. 240 Pflegebedürftige leben hier in dieser Einrichtung. Sie ist voller Empathie für die Menschen, für die sie verantwortlich ist. Aber sie engagiert sich außerdem noch im Ortsbeirat und im Seniorenbeirat der Kommune … Voller Zorn ist sie über die – aus ihrer Sicht – wuchernde Bürokratie. Da braucht eine Frau, die allein lebt, einen Handgriff in ihrer Dusche. Die Krankenkasse lehnt die Bewilligung ab. Frau Müller-Flass erhebt Einspruch. Wer sollte es sonst tun? Die Betroffenen, Alte, Behinderte, Kranke können es oft selbst nicht. Was ist die Haupttätigkeit, die Frau Müller-Flass ausübt? Die Auseinandersetzung mit einer Bürokratie, die immer weniger funktioniert. Da sind junge Leute, die sich nicht mehr auskennen. Sie sitzt hinter ihrem Schreibtisch und fragt sich (beziehungsweise uns, ihre Gesprächspartner): „Was ist los mit den jungen Leuten?“ Sie stellt jetzt auch Leute ein, die Schwierigkeiten mit dem Einstieg in das Berufsleben haben. Der Personalmangel zwingt sie dazu, neue Wege zu gehen. Auf ihrem Bildschirm ploppt gerade eine Anfrage aus der Mongolei auf, ob sie einen Job zu vergeben hätte … Die Leute, die sich da reihenweise aus der Ferne bewerben, stellen sich eine quasi medizinische Tätigkeit wie im Krankenhaus vor, von Pflege wollen sie nichts wissen. Angesichts des Personalmangels nimmt Frau

Müller-Flass nun zum Beispiel auch Menschen, die psychische Probleme gehabt haben. Das werden immer mehr. Aber es fehlt bei vielen das, was man früher Pflichtgefühl genannt hätte. Ihr Beispiel: Ein junger Mann, durchaus zufrieden mit seiner Tätigkeit in der AWO, bricht zu einem Hausbesuch auf. Er macht seine Sache wohl gut. Aber danach geht er erst mal nach Hause. Es verblüfft Frau Müller-Flass, dass er kurzerhand während des Dienstes eine Auszeit zu Hause nimmt. Er teilt das niemandem mit. Er versteht nicht, dass Frau Müller-Flass das nicht versteht. Und Frau Müller-Flass fragt darum: „Was ist los mit den jungen Leuten?"

Das sind zwei Szenen, die das Dienstleistungsdilemma offenlegen: die Empörung der Kita-Mitarbeiterin einerseits und die Empörung der Mitarbeiterin im Altenwohnheim andererseits. Es ist, als würde gerade von zwei Seiten eine Sturmflut über uns hereinbrechen. Von der einen Seite kommt die Woge, die die gewohnte, zuverlässige Dienstleistungsgesellschaft unterspült, weil überall das Personal fehlt. Von der Bundeswehr bis zur Müllabfuhr klafft die Lücke. Und die Pensionierungswelle, die die Babyboomer jetzt auslösen, wird den Personalmangel noch einmal dramatisch zuspitzen. Von der anderen Seite bricht eine Sturmflut über uns hinein, die man als Motivationszusammenbruch bezeichnen könnte: Die Leute wollen und können nicht mehr weitermachen wie gewohnt. Es ist von allen Seiten zu hören: „Ich kann nicht mehr." Und: „Ich will nicht mehr." Kitamitarbeiter kollabieren ebenso wie Fernsehmoderatorinnen, Verwaltungsangestellte ebenso wie Shiatsu-Therapeutinnen. Das Gespräch über den Burnout, den jemand hat oder der sich ankündigt, droht zum letzten gemeinsamen Thema einer Gesellschaft zu werden, die im Panikzustand lebt.

Die doppelte Diagnose ist klar: Einerseits ist die Dienstleistungsgesellschaft dabei, wegen des Mangels an Geld und Personal zu kollabieren. Andererseits schmilzt die Motivation der Dienstleistenden, die nicht mehr das leisten können oder wollen, was ihnen abverlangt wird. Die Krise der Dienstleistungsgesellschaft ist deshalb eine, die sich gleichzeitig von außen und von innen ereignet. Sie explodiert und implodiert in einem Augenblick. Die gesellschaftliche Panikattacke ist insofern eine angemessene Reaktion. Die Anschlussfragen quellen aus dieser Krise wie aus einem Vulkan hervor: Was sind die Ursachen? Wie manifestiert sich die Krise?

Was kann man tun? Wie soll es weitergehen? Das sind die Fragen, die nun auf der Tagesordnung stehen.

„Ich bin nicht krank," sagt Greta F. zu mir, „ich geh nur nicht arbeiten." Sie arbeitet in einem Hospiz und ihre Kräfte sind aufgebraucht. Sie erlebt den Arbeitsstress als gewalttätig. Sie will nicht mehr ‚leisten'. Torkelt die Disziplinargesellschaft, die uns im Griff hatte, ihrem Ende entgegen? Schrumpft die Lebenskraft der Menschen, ebenso wie die Lebenskraft des Planeten zu schrumpfen scheint? Hat die Verwüstung des Planeten verwüstende Folgen in den Individuen? Oder ist dieser Satz: „Ich bin nicht krank, ich gehe nur nicht mehr arbeiten" – der zuckende Anfang einer Befreiung, die sich gerade zu rühren beginnt? Ist es vielleicht ganz anders: Ist der Zusammenbruch der Dienstleistungsgesellschaft gar nicht Ausdruck eines Versagens, sondern Folge eines beabsichtigten Ruins? Geht die Gesellschaft, die entschlossen und diszipliniert aus den Trümmern des untergegangenen Faschismus aufgebaut wurde, ihrem Ende entgegen, weil sie nicht mehr gebraucht wird? Unzufriedenheit und Ohnmachtserfahrungen kombinieren sich und führen zu den beunruhigenden Erfolgen rechtspopulistischer Parteien. Schlagen sich diese Erfahrungen vielleicht auch nieder in der dramatisch hohen Zahl von Nichtwählern? „Die überwältigende Asymmetrie zwischen der Macht der ökonomischen Eliten und dem Rest der Bevölkerung"[4] könnte Wut auslösen, aber es sieht so aus, als wenn sich die Menschen einfach abwenden von einer demokratischen Inszenierung, in der sie selbst nicht vorkommen.

Vielleicht ziehen sich die Menschen zunehmend aus dem öffentlichen Leben zurück, weil die Ohnmachtserfahrungen so überwältigend sind, dass die Energie fehlt und die Lust vergangen ist? Und viele landen dann in frustrierenden Zweierbeziehungen, in nervigen Kleinfamilien oder in der narzistischen Singleexistenz. „Exekutivapparate, Parteien, Parlamentsfraktionen, Medien und ökonomische Interessengruppen haben sich zu einer Organisationsform von Macht verschmolzen, die demokratischen Ideen zutiefst feindlich gegenüberstehen"[5] Ist die Hoffnung auf eine aktiv-partizipatorische Demokratie so beschädigt, dass sich die Bürgerinnen und Bürger für das, was da passiert, nicht mehr interessieren? Dass sie sich stattdessen in das Privat-Lokale zurückziehen, keineswegs resignativ, sondern in der klaren Erkenntnis, dass es dort Aussicht dafür gibt, „dass man gemeinsam jene Kräfte kontrolliert, die das Leben und die Lebensbedingungen Anderer und der eigenen Person unmittelbar und maßgeblich beeinflussen“?[6]

Sandsäcke

Die Versuchung, bei einem Klagegesang zu bleiben, ist angesichts der von vielen empfundenen deprimierenden Lage groß. Es ist das Anliegen dieses Buches, immer wieder die andere Seite zum Leuchten zu bringen. Das, was gelingt, was trotz allem gelingt. Dies zum Beispiel:

Über der Einfahrt zu dem Fachwerkhaus in einem kleinen hessischen Dorf schwebt ein Balken. Wie oft ist wohl durch dieses Tor der Pferdewagen mit der Heuernte eingefahren worden? In den Balken ist das Jahr 1782 eingeschnitzt und die Zahlen sind mit roter Farbe ausgemalt. So lange steht das Haus schon hier am Bach. Der schwillt plötzlich an, weil es seit Tagen regnet. Deutschland ist im Januar 2024 vielerorts überschwemmt. Kennt das alte Haus solche Überschwemmungen, bei denen der Bach unversehens zu einem reißenden Fluss anschwillt? Oder ist diese Wasserflut Folge des Klimawandels? Ich weiß es nicht. Auf jeden Fall sind auch hier die Wiesen, in die sich das Wasser früher hinein ausbreiten konnte, geschrumpft oder verschwunden. Es wird also gefährlich. Ich brauche Sandsäcke, um das Haus gegen die drohende Flut abzuschirmen. So fahre ich zum Gebäude der Freiwilligen Feuerwehr, die am Dorfeingang ihr neugebautes Gebäude hat. Ich klingele an der Pforte, aber da ist niemand. Es ist eben eine Freiwillige Feuerwehr, die Leute verlassen ihren Arbeitsplatz oder ihr Bett und kommen, wenn Not herrscht, wenn sie gerufen werden. Aber ich habe eine Telefonnummer. Ich rufe also den Gemeindebrandinspektor an. Da meldet sich niemand. Darum rufe ich den stellvertretenden Gemeindebrandinspektor an. Seine Frau ist am Telefon und sie gibt mir die Handynummer ihres Mannes. Er meldet sich sofort. Ich frage ihn nach Sandsäcken. Er verspricht, sogleich zurückzurufen. Das geschieht auch. Und er fragt mich, ob ich kurzfristig, das heißt: jetzt, zum Gebäude der Freiwilligen Feuerwehr kommen kann – er mache sich von seinem Arbeitsplatz auf den Weg. Das kann ich. Die Schranke öffnet sich, er steht im schon hochgezogenen Tor der Feuerwehr. Wieviel Sandsäcke ich denn brauche? Fünfzehn. Er kennt das alte Fachwerkhaus, er weiß, dass es an exponierter Stelle, nahe dem Bach, steht. Er hilft mir, die Sandsäcke in den Kofferraum meines kleinen Autos zu heben, das bei dieser Last in die Knie geht. „Nehmen Sie doch den Rest auch!" Ich weiß: Der Nachbar wird sich freuen. Acht Säcke kommen noch obendrauf. Ich biete eine Spende für die Freiwillige Feuerwehr an. „Das freut uns. Der Kassenwart wohnt bei Ihnen im Haus nebenan." Vorsichtig fahre ich das schwer beladene Auto die kurze Strecke zum Haus zurück. Gerettet.

Es ist ein schönes Erlebnis: eine nachbarschaftliche, schnelle, unbezahlte Dienstleistung. Die klappt noch. Auch wenn die Klage der Freiwilligen Feuerwehr über Nachwuchsprobleme unüberhörbar ist. Es ist eine persönliche Begegnung, sie ist nicht über eine automatisierte hotline mühsam errungen. Dieses Sandsackerlebnis: Ist das ein Blick in vergangene paradiesische Zeiten? Die Freiwillige Feuerwehr ragt in die Gegenwart wie ein Fossil aus Zeiten, in denen Dienstleistungen einen lokalen Geschmack hatten, in denen man Menschen aus Fleisch und Blut fragen konnte, antraf und sprechen konnte – den Schuster, den Bäcker, den Kolonialwarenhändler, den Klempner, den Dachdecker, den Elektriker … Das ist vorbei. Dienstleistungen, das ist die Grunderfahrung in der Gegenwart, Dienstleistungen sind schwer zu bekommen. Die Hürden sind hoch, sie kosten Geld und dennoch funktioniert's oft nicht. In der Kleinstadt kaufe ich Brötchen und die Frau mit der Plastikhaube auf den Haaren sagt: „Wir sind die letzte Bäckerei im Ort." Ich nehme mir vor, nur noch hier meine Brötchen zu holen

Der rote Faden, der diesem Buch zugrunde liegt, lässt sich in diesen fünf Thesen vorstellen:

Die Dienstleistungsgesellschaft zerfällt vor unseren Augen. Sie funktioniert nicht mehr. Warum passiert das? Und wie kommen wir da wieder raus?

Gleichzeitig sehen wir, dass immer mehr Menschen zerbröseln. Sie werden depressiv, sind erschöpft, ängstlich, krank oder mutlos. Was fehlt ihnen?

Wie hängt das zusammen? Hat die perfekte Dienstleistungsgesellschaft uns entmündigt und kraftlos gemacht? Ist also endlich Schluss mit dem zunehmenden Konsum von Profiangeboten? Laufen wir vielleicht ohne die Krücken besser?

Die Erde wird immer heißer, die Gesellschaft wird immer kälter. Wollen wir sozial erfrieren? Die Profis stehen nicht mehr zur Verfügung, sie werden uns nicht mehr pampern. Werden wir erwachsen und sehen uns um: Wir können selbst mehr als wir ahnen. Nehmen wir die Chance wahr.

Entziehen wir uns der Herrschaft der Spezialisten, die sowieso nicht mehr kommen. Probieren wir die neuen Freiheiten aus.

Leben darf nicht heißen, dass man nie tut, was man will und dass man nie gewollt hat, was man getan hat.

ANDRÉ GORZ[7]

Es wird wehtun

Einstürzende Dienstleistungen

Eine weiß-rote Plastikschnur zeigt mir: Der Biergarten ist geschlossen. Die Türen der Kinderkrippe sind auch zu. In der Schule fällt der Unterricht in Mathematik aus. Die Demenzabteilung im Pflegeheim ist gestrichen. Und ich habe in den nächsten drei Monaten keine Aussicht auf einen Termin beim Orthopäden. Bei meiner Hausärztin hebt niemand das Telefon ab. Du setzt Dich ins Café, um Freunde zu treffen – und sofort geht es los. Frust über die Dienstleistungsgesellschaft: Nichts funktioniert mehr. Es ist überall dasselbe: kein Personal. Nur Friseurgeschäfte und Nagelstudios scheint es genug zu geben.

Es ist wie eine Zangenbewegung, wie ein Doppelbeschluss der Krisengesellschaft: Von einer Seite strömt uns der Frust zu, die Wut, die Resignation darüber, dass nichts mehr so funktioniert wie früher. Von der anderen Seite rollt die Woge auf uns zu, die in dem Satz gipfelt: „Ich kann nicht mehr, ich will nicht mehr." Die Leute wissen nicht, wie sie ihren Beruf und ihren Familienalltag bewältigen sollen. Und zugleich werden sie begraben unter der Lawine dessen, was nicht mehr funktioniert. Emilia geht in die elfte Gymnasialklasse. Montags morgens beginnt der Unterricht mit zwei Stunden ‚Bio'. Aber die Lehrerin ist eigentlich nie da. Die Klausur wird dennoch angesetzt und die Leistungsanforderungen werden nicht verringert. Tränen zu Hause, Versagen bei der Klausur. Folgenlose Empörung bei den Eltern, „verfluchte Schule" – sagt die Tochter. Mit ihrem Bruder ist sie sich einig: Die Schule ist ein Ort des Schreckens. Sie und ihr Bruder werden in dem Augenblick, in dem sie das Abitur haben, erst mal – so sagen sie – ein Jahr nichts tun. Ich erinnere mich, dass ich, als ich in den sechziger Jahren zu studieren begann, regelrecht heiß auf die Universität war – und froh, der demütigenden Schule entronnen zu sein. Das ist nicht mehr die Grundstimmung. Haben wir es mit einer frühzeitigen Abflachung der Lebensenergie zu tun? Früher war

„Weltwärts" überlaufen. Weltwärts vermittelt Freiwilligendienste im Ausland, in Europa, Nord- und Südamerika, in Afrika. Viele wollten bisher ein Jahr als Freiwillige irgendwo in der Welt etwas „Sinnvolles" tun. „Mit Weltwärts kannst du dich für eine gerechte Welt engagieren. Ob in Afrika, Asien, Lateinamerika, Ozeanien oder Osteuropa. Du unterstützt ein lokales, gemeinnütziges Projekt."[8] Jetzt ist es schwieriger geworden, Leute für „Weltwärts" zu finden.

Geht der Dienstleistungsgesellschaft das Personal aus? Und wie wollen die jungen Leute leben? Gibt es da so etwas wie eine Schrumpfung der Lebensleidenschaft? Oder haben die jungen Leute die absurden Volten der Leistungsgesellschaft satt? Verbirgt sich hinter der Forderung nach einer Work-Life-Balance die vernünftige Kritik an der auslaugenden Leistungsgesellschaft, oder verschafft sich da eine erschöpfte Gesellschaft Gehör, die ein unaufgeregtes Leben will? Es knackt im Gebälk. Die Risse im Gefüge der Gesellschaft werden sichtbar. Die Zahnärztin steht in ihrer Praxis und hebt die Hände: „Ich finde niemanden mehr, der eine ganze Woche arbeiten will. Was ist da los?"

Man könnte den Eindruck haben, dass die Dienstleistungsgesellschaft dasteht wie ein Dinosaurier kurz vor dem Aussterben. Ein Zittern durchläuft den riesigen Körper der Dienstleistungsgesellschaft, die Beine geben nach und der Koloss bricht in sich zusammen. Dienstleistung funktioniert nicht mehr und das Personal, das den Dienstleistungsapparat bisher bedient hat, macht nicht mehr mit. Handwerker finden keine Lehrlinge, Kitas keine Hilfskräfte, Restaurants keine Kellner, Altenheime keine Pflegekräfte, Schulen keine Lehrerinnen und Lehrer. Im Bioladen steht ein Schild auf der Theke der Käse- und Fleischabteilung: „Ab 14 Uhr wegen Personalmangel geschlossen." Heute streiken die Ärzte in Marburg, die Gepäckkontrolleure am Frankfurter Flughafen, die Busse in Gießen. Alle aus guten Gründen, aber das Gefühl ist: Nichts geht mehr. Und jeden Tag gibt es solche Meldungen wie zum Beispiel diese am 23.01.2024 morgens im hr-info: „Ab Samstag gilt in Frankfurt ein ausgedünnter Fahrplan. Statt alle 7 ½ Minuten fahren die Züge nur noch alle 10 Minuten." Grund für die Ausdünnung – so heißt es in den Nachrichten – ist, dass immer wieder Fahrpersonal ausfällt, sei es wegen Krankheit oder wegen generellen Personalmangels.

Ofen aus

„Fast zwei Drittel der Führungskräfte fühlen sich kraftlos … Ebenso viele würden Aufgaben gern abgeben. Schaffen es Deutschlands Topleute nicht mehr allein?“[9] Das Erschöpfungssyndrom ist in der Chefetage angekommen (oder hat es dort seinen Ursprung?). Von 1000 befragten Führungskräften gaben 65 Prozent an, unter Erschöpfung zu leiden. Frauen sind etwas stärker betroffen als Männer, aber in der Altersgruppe der 30- bis 39jährigen sind es sogar 72 Prozent, die sich erschöpft fühlen. Nun könnte man sagen, dass sich das Mitleid mit den Erschöpfungszuständen für den Bewohner einer Penthouse-Wohnung, der seinen Porsche in der Garage stehen hat, in Grenzen halten darf. Wenn der Schornsteinfeger (gerade gestern war das) sagt, dass er mit 47 aufhört, weil er nicht mehr kann und hofft, dass seine Frau genug verdient, dann alarmiert das mehr: Ohne Schornsteinfeger gibt es schließlich keine warme Wohnung. Und ich stelle mir die Frage, ob die Erschöpfung des Konzernchefs mit Maßanzug mich so anrührt wie die Lebenslage des Müllmanns mit Migrationshintergrund, der meine Restmülltonne leert. Für meinen Alltag ist der Müllmann zweifellos wichtiger. Aber wenn nun auch schon die Führungskräfte erschöpft sind, dann rückt dieses dunkle Geschehen die Vorstellung, dass da irgendwas zusammenbricht, in das helle Tageslicht. Ist der Druck wirklich überall größer geworden? Oder sind die Kräfte der Menschen vom Vorstandsvorsitzenden bis zum Müllentsorger geschrumpft? Gibt es eine Art Energielücke in der Gesellschaft, die alle ergreift, als wären ihre Batterien kaputt? In mir entsteht das Bild eines Vulkanausbruches, der mit dem 23. Mai 1949 (Gründung der Bundesrepublik) begonnen hat und glühende Energien ausschüttete. (Die Gründung der DDR fand am 7. Oktober 1949 statt und die Entwicklung lief bekanntlich etwas anders). Dieser Vulkanausbruch mündete in die Wohlstandsgesellschaft, getragen von begeisterter Leistungsbereitschaft und begleitet von Aufstieg, Wachstum, Konsum etc. Und nun, 75 Jahre später, ist dieser Lavastrom erkaltet. Die Menschen an ihrem Arbeitsplatz – ob am Mahagonitisch im Aufsichtsrat oder am Bereitschaftstisch im Krankenhaus – sind wie gelähmt. Und sie alle könnten in einen großen Erschöpfungschor einstimmen, der singt und summt: „Ich kann nicht mehr“. Oder: „Das ist so anstrengend“: Was passiert da? Die häufigste Diagnose von Psychotherapeuten lautet inzwischen: „Müdigkeit, Erschöpfung und Antriebslosigkeit … 53 Prozent der Deutschen fühlen sich erschöpft, und 40 Prozent denken, dass die Erschöpfung zunehmen wird.“[10]

Ist die Dienstleistungsgesellschaft krank?

Was ist los? Diagnose 1: Aus der drittstärksten Volkswirtschaft wird eine Jammergemeinschaft. Diagnose 2: Endlich befreien sich die Menschen aus ihrer bedrückenden Konsumhaltung und beginnen etwas, was die Nachkriegszeit endgültig zu ihrem Ende bringt. Die gewohnte Wohlstandsgesellschaft allerdings auch. Es ist an der Zeit, sich der Frage zu widmen, was da in der deutschen Gesellschaft passiert. Eins ist klar: Mit Verblüffung (und einer gewissen Erleichterung) muss man zur Kenntnis nehmen, dass die Disziplinierungsappelle nicht mehr verfangen. Wenn die „Wirtschaftsweise“ Ulrike Malmendier mahnt: „Es wird auf allen Ebenen der Gesellschaft zu wenig gearbeitet“, dann lacht sich so mancher ins Fäustchen.[11] Ihre Beobachtung ist unfraglich richtig. Aber ob das eine „weise“ Bemerkung ist, darüber kann man streiten. Die Wirtschaftsexpertin Ulrike Malmendier ist offenbar in die Anbetung der zerstörerischen Wachstumsgesellschaft verliebt und sie ist darum außerstande zu sehen, dass sich ein Stimmungswandel ankündigt, der eben nicht kurzerhand mit dem Verweis auf mangelnde Disziplin aus der Welt geschafft werden kann. Die Erschöpfung, die die Republik ergriffen hat, die große Ratlosigkeit, die die Gesellschaft durchzieht, wird mit der Devise „Nun reißt Euch mal zusammen!“ nicht zu beenden sein. Die vielen, die nicht mehr mitmachen wollen oder nicht mehr mitmachen können, wird der Appell der ‚Wirtschaftsweisen‘ kalt lassen. Der scharfsinnige Beobachter dieser Entwicklung Franz Schandl schreibt: „Die Stimmung ist ungefähr so: Nichts geht mehr, weder das, was ist, noch das, was sein könnte. So wird weitergemacht. Wird schon. Irgendwie. Doch diese Realität sollte mehr Warnung sein als Sicherheit geben. Wenn wir nur zuschauen, wird uns das mehr zusetzen, als uns lieb sein kann. Zweifellos, wir sind recht hilflos, aber am hilflosesten sind wir, wenn wir uns ergeben. Anpassung ist die gemeinste Form verpassten Lebens.“[12] Es ist, als würde sich ein Gewitter, vielleicht sogar ein Erdbeben ankündigen. Vielleicht haben die Leute es satt, ihr Leben den konsumistischen Narreteien zu opfern? Vielleicht wächst die

Sehnsucht nach einem Tun, das dem gemeinschaftlichen Ganzen dient? „Auf der Tagesordnung steht ein großes Verlernen und Verschwinden. Angesagt ist ein Zeitalter der Abschaffungen" (Franz Schandl). Und die Dienstleistungsgesellschaft, an die wir uns gewöhnt hatten, liegt plötzlich keuchend am Boden.

Vielleicht fängt der große Wandel gerade damit an, dass die Leute erst mal krank werden? Die Zahl der Jugendlichen und Jungen mit psychischen Störungen wächst wie gesagt. Die medizinische Devise: „Das machen wir weg!", ist keine Antwort. Wir werden um die Frage nicht herumkommen, warum viele junge Menschen krank werden, warum die Zahl der Ausgebrannten wächst, warum viele „arbeitsunfähig" sind oder sich arbeitsunfähig fühlen.

Wenn Krankheit nicht auf ein medizinisch-naturwissenschaftliches Verhängnis reduziert wird, sondern als etwas verstanden wird, was ‚mit mir' zu tun hat, dann sind die Nachrichten über ein kontinuierliches Ansteigen des Krankenstandes in Deutschland Nachrichten über ein tiefgreifendes, symbolträchtiges und beunruhigendes Phänomen. Man kann es spüren: Es ändert sich da etwas. Ich höre bei einem Besuch in der Technischen Hochschule Mittelhessen (16.000 Studierende) den Bericht einer Arbeitsgruppe, die sich der Situation von Menschen mit Behinderung widmet. Die engagierten Fachleute arbeiten an einem digitalen Blindenstock, der eine bessere Orientierung auf der Straße und in Gebäuden erlauben soll. Verblüffende Möglichkeiten eröffnen sich mit diesem digitalisierten Hilfsmittel. Ich horche aber auf, als jemand aus der Arbeitsgruppe berichtet, dass sich die Voraussetzungen für ihre Forschung gerade ändern. Zu der Zahl der Menschen mit körperlicher Behinderung an der Hochschule treten immer mehr Menschen mit psychischen Problemen hinzu. Künstliche Intelligenz, Automatisierung und technischer Fortschritt können die Lebensbedingungen von Menschen mit körperlichen Beeinträchtigungen verbessern. Gleichzeitig aber ballt sich in den Hinterzimmern der Gesellschaft (wie auch in der THM Mittelhessen) ein neues Elend, dem technisch nicht beizukommen ist. „Die Auswirkungen von Krisen wie der Coronaepidemie und des Krieges in der Ukraine auf die Psyche von Berufstätigen" werden sichtbar, schreibt das Ärzteblatt. 2022 wird ein Plus von 16 Prozent bei Krankschreibungen und Fehltagen wegen seelischer

Erkrankungen, Depressionen, chronischen Erschöpfungen und Angststörungen verzeichnet. Die Phänomene treten bei Frauen häufiger auf, aber auch die Zahl der Fehltage auf Grund von Depressionen bei Männern stieg stark an.[13]

Was passiert da gerade? Was bedeutet es, dass Unternehmen im Jahre 2023 so viele Krankmeldungen wie nie verzeichnen? Die Zahl der Krankentage sei – so heißt es im DAK-Gesundheitsreport – alarmierend angestiegen. 2023 fehlten Beschäftigte im Schnitt 20 Tage im Job. Der Krankenstand erreichte die Rekordhöhe von 5,5 Prozent – wie bereits 2022. „An jedem Tag des vergangenen Jahres waren also im Schnitt 55 von 1000 Beschäftigten krankgeschrieben." Die hohen Fehlzeiten beeinträchtigten die Arbeitsabläufe in vielen Betrieben und Behörden, heißt es in dem Bericht. Die Personaldecke ist ohnehin in vielen Bereichen durch den Fachkräftemangel dünn. Dabei seien, so heißt es, Langzeitfälle das größte Problem geworden. Seit 25 Jahren werden solche Analysen gemacht, noch nie aber sei der Krankenstand so hoch gewesen wie 2023. Die Gründe waren vor allem Atemwegserkrankungen (Erkältungen, Bronchitis, Grippe). Besonders betroffen vom Anstieg der Krankmeldungen seien die Bereiche Kindertagesstätten und Pflege gewesen. Es falle aber auch da besonders die starke Zunahme psychischer Erkrankungen ins Auge.

Mehr Management?

Der DAK-Gesundheitsreport kommt zu dem Schluss, es brauche eine „Offensive für das betriebliche Gesundheitsmanagement".[14] Das ist eine interessante Bemerkung: Die Menschen werden krank und wer soll helfen? Das Management! Wer indessen bereit ist, auf das zu hören, was sich um uns herum ereignet, kann nicht den Eindruck haben, dass das Gesundheitsmanagement die Antwort ist. Immer mehr Menschen haben offenbar das Gefühl, dem Alltag nicht mehr gewachsen zu sein. „Ich kann nicht mehr!". "Alles wird mir zu viel!" Erschöpfung wird zur Grundempfindung vieler Menschen – gerade auch jüngerer Menschen. Die Klage über das ‚Zuviel' wird zur Melodie des Alltags. Als wenn irgendein Magnet die Lebenskräfte abzieht oder ein schwarzes Loch die Stärke der Menschen verschlingt. Und genau dem entspricht auf irritierende Weise die spürbare Schwächung der Dienstleistungsgesellschaft. Es ist nicht klar, ob die kriselnde Dienstleistungsgesellschaft zur Schwäche der Menschen beiträgt, weil im Alltag nichts mehr klappt und alles komplizierter wird. Oder ist es umgekehrt? Reißt die Lähmung, die die Menschen ergreift, die Dienstleistungsgesellschaft mit sich in den Abgrund? Das aber ist klar: eine „Offensive des Gesundheitsmanagements“ wird es nicht richten.

Deshalb man muss wohl nachfragen. „Der rekordhohe Krankenstand im vergangenen Jahr hat die deutsche Wirtschaft einer Analyse zufolge in eine Rezession gedrückt.“[15] Es ist bemerkenswert, wie den einzelnen Bürgern die Schuld an der Rezession in die Schuhe geschoben wird, während die Frage, ob die schlechte wirtschaftliche Lage mit politischem Versagen zu tun hat, nicht gestellt wird.

Ein Ausfall auf großer Bühne

Der Krankenstand hat fundamentalere Ursachen. Die Erschöpfungszustände werden den Individuen zugerechnet, ja sie werden ihnen angelastet: Du bist schuld! Und die Subjekte machen mit und suchen ihr Versagen auf, um sich selbst zu beschuldigen. Dafür gab es Ende 2023 im Fernsehen ein drastisches Beispiel. Wem passiert sowas schon: ein Schwächeanfall mit 4,6 Millionen Zuschauern? „Ich spürte, dass ich plötzlich unglaublich müde wurde." Die ZDF-Moderatorin Gundula Gause erleidet am 18. Dezember 2023 in einer Live-Sendung einen Schwächeanfall. Sie spricht plötzlich immer langsamer und undeutlicher. Sie bezeichnet diesen Schwächeanfall, den 4,6 Millionen heute-Journal-Zuschauer miterleben, nachträglich als "total unnötig". Sie hätte sich krankmelden sollen, denn sie habe gespürt, dass etwas nicht stimmt. Der Schwächeanfall an diesem Abend sei einfach Pech gewesen – „und dazu noch völlig unnötig“. Ihr sei passiert, was viele andere auch nach verschiedenen Infekten und der Einnahme von Tabletten erfahren. „Ich habe ganz kurz vor knapp gemerkt, dass das jetzt gleich schiefgehen und ich vor der Kamera ohnmächtig werden könnte.“ [16] Die Beschreibung ist bemerkenswert. Die Moderatorin sucht den Fehler bei sich. Das erinnert zuerst an die alte Disziplinargesellschaft, an den soldatischen Menschen, der sich zusammenreißt und standhaft bleibt. Da gibt's keine Ohnmacht, und wenn, dann ist sie peinlich. Von den Tugenden der Disziplinargesellschaft gibt es einen fließenden Übergang in die Gesellschaft der Selbstoptimierer, die

die Ursachen ihrer Schwäche nicht in einem Leiden an der Gesellschaft, an den Lebensumständen oder am auferlegten Stress suchen, sondern bei sich. Die Moderatorin hebt nicht die weiße Fahne, sie wird durch das Mitgefühl einer geistesgegenwärtigen Kollegin gerettet, die sie auf einen Stuhl setzt. Was ist in den Millionen Zuschauern vorgegangen? Wie viele haben in sich hineingeseufzt und zu sich geflüstert: „Ich kann auch nicht mehr?“ Sie sagt später: „Das war total unnötig!“ Was wäre, wenn sie gesagt hätte: „So geht es mir, ich kann nicht mehr“? Sie sagt: „Ich spürte, dass ich unglaublich müde wurde.“ Wie viele ihrer ZuschauerInnen könnten da einstimmen? Was wäre, wenn da eine prominente Figur einmal sagen würde. „Ich spüre, dass ich unglaublich müde werde und ich weiß nicht warum.“

Ich werde den Verdacht nicht los, dass diese Szene mit 4,6 Millionen Zuschauern vielleicht eine Chance für eine andere Denkrichtung hätte sein können? Dass die Szene etwas auf den Begriff bringt, was gegenwärtig wie eine Welle über uns zusammenschlägt? Die Moderatorin sagt: „Es war unnötig.“ Vielleicht war der Schwächeanfall gerade genau richtig? Mit dem Modewort „Resilienz“ wird da gegenwärtig zugedeckt, dass manche Schwäche gerade nicht aus mir kommt, sondern eine Folge dessen ist, was auf mich einstürmt, was mich fertig macht.[17]

Eigentlich ist es ein Wunder, dass Moderatorinnen und Moderatoren nicht reihenweise in Ohnmacht fallen, wenn man bedenkt, über was sie berichten. Gundula Gause tut ihre Erschöpfung als einen Fehler ab. Wenn die Menschen – ob Moderator oder alleinerziehende Mutter, ob Lokomotivführer oder Professorin – sich einen Augenblick eingestehen würden, wo wir sind, dann müssten sich die Schwächeanfälle millionenfach wiederholen. Ich stelle mir gerade vor: Gundula Gause wird ohnmächtig und vier Millionen Zuschauer folgen ihr: Sie fallen reihenweise wie Dominosteine um und sacken in ihren Sesseln zusammen. Weil sie es nicht mehr ertragen, weil der gerade formulierte Schrecken in den Nachrichten sie, die Zuschauer, plötzlich erfasst, in sie eindringt. Wenn der Krieg, über den da geredet wird, nicht mehr eine Nachricht ist, sondern etwas wird, das uns angeht, das wir spüren … Was würde dann passieren? Wir sind „im Krieg gegen die Natur, im Krieg gegen das Selbst, im Krieg aller gegen alle“ und wir beginnen, „der Erschöpfung zu erliegen“. So hat es der US-amerikanische Kulturphilosoph Charles Eisenstein auf den Begriff gebracht. „Nach fünftausend Jahren Kreuzzug im Namen des Guten ist alles um uns herum ruiniert, billig und hässlich; aufgeblähter Überfluss neben schreiendem Elend, aussterbende Sprachen, aussterbende Kulturen, sterbende Wälder, sterbende Meere, schrumpfende Insekten-,

Fisch- und Amphibienbestände, radioaktiver Müll, PCB in allen lebenden Zellen, Betonkrusten, die sich über die weiche Erde ausbreiten" – es ist eigentlich verwunderlich, dass die Menschen nicht ständig in Ohnmacht fallen.[18] Wieso ist die Welt nicht von Klagegeschrei erfüllt? Wieso haben wir uns an den Schrecken gewöhnt? Die funktionierende Dienstleistungsgesellschaft hat uns immer geholfen, das Beunruhigende nicht zu sehen. Jetzt, wo sie bröckelt, bringt sie Chancen für Augenblicke der Erkenntnis mit sich. Wahrscheinlich sind es die Angstgestörten, die Depressiven, die Borderliner, vielleicht sogar die 'Dementen', die unsere empfindsame Außenhaut sind, während wir ‚Normalen' uns in einem Stahlgehäuse verbarrikadiert haben, uns die Ohren zuhalten, die Augen bedecken und verstummen. Jeder frage sich, ob es Augenblicke der Überwältigung in uns gibt, in denen der zeitgenössische Schrecken unsere Seele erreicht.

Brüchige Strukturen

Wir müssen beginnen, die Berichte über den Krankenstand abzuklopfen und zu hinterfragen. Was steckt dahinter? Das tun die einschlägigen Untersuchungen nicht. Eine Studie des Verbandes der forschenden Pharmaunternehmen (VFA) kommt zu der Feststellung: Der hohe Krankenstand im Jahr 2023 könnte die deutsche Wirtschaft in eine Rezession gedrückt haben. Ohne den hohen Krankenstand würden 26 Milliarden Euro zusätzlich erwirtschaftet worden sein. Die Techniker Krankenkasse stellt fest, dass jede versicherte Erwerbsperson im Schnitt 19,4 Tage krankgeschrieben gewesen sei.[19] Ist das wirklich das Einzige, was uns der hohe Krankenstand sagt? Dass unser Wohlstand gefährdet ist? Ich erinnere mich an eine Fahrt durch den Harz, auf dem Weg zu einem Vortrag. Ich war dort, im Harz, lange nicht gewesen und fuhr nun zu meiner Überraschung durch Landschaften, die aussahen, als wären sie von einem Bombenkrieg verwüstet. Soweit das Auge reichte abgestorbene Bäume, umgefallene Fichten, eine graue Wüste, die der Klimawandel hervorgerufen hat – und die gleichzeitig auf eine fehlgeleitete Forst-Misswirtschaft verwies. In mir hat dieser Anblick Erinnerungen an Hamburger Trümmerlandschaften des Zweiten Weltkriegs hervorgerufen, die in der Nachkriegszeit noch lange zu sehen waren. Einen Augenblick lang habe ich den Schrecken, der sich meinen Augen darbot, spüren können. Normalerweise gelingt es uns, eine Betonkruste über das fühlbare Entsetzen zu legen. Die Krise der Dienstleistungsgesellschaft, die uns in eine verwüstete Landschaft zu führen im Begriff ist, lässt sich nicht reduzieren auf die Frage nach der Krise unseres Wohlstands. Sie verweist auf eine fundamentalere und vielleicht auch befreiende Krise. Solange nur die Fleischtheke im Bioladen geschlossen ist, geht es ja noch. Aber es wächst die Vermutung, dass die großen Strukturen der Dienstleistungsgesellschaft brüchig werden. „Immer wieder kommt es vor allem auf US-Flughäfen zu Beinahe-Kollisionen. Ein Grund für das wachsende Crash-Risiko sind fehlende Fluglotsen – eine Spätfolge von Corona.“[20] Wenn die Krise der Dienstleistungsgesellschaft heikle Großprojekte ergreift, was dann? Flugzeuge, Kernkraftwerke, Nahrungsmittelkonzerne, Krankenhäuser …? Eine Boeing 737 Max fliegt im Januar 2024 über den Bundesstaat Oregon. Plötzlich bricht in 5000 Metern Höhe ein Teil des Kabinenrumpfs von der Größe einer Flugzeugtür heraus. Verschiedene Fluggesellschaften berichten daraufhin von losen Schrauben und Teilen an ihren Maschinen des gleichen Typs. Bundesermittler in den USA sagen, dass die Schrauben, die die weggeflogene Rumpfplatte an Ort und Stelle hätte halten sollen, womöglich nie angebracht worden seien.[21] Und in den Nachrichten kann man hören, dass Boeing in der Fertigung massiv Personal eingespart hat. Flugzeugfabriken wurden einmal von Ingenieuren geführt. Heute sind es unter dem Druck der Wall Street Manager, die in erster Linie an Profit orientiert sind. Immer mehr sind Bürgerinnen und Bürger mit gigantischen monopolistischen Konzernen konfrontiert, denen die Kunden völlig gleichgültig sind und die es sich leisten können, grinsend zuzuschauen, wenn Geschädigte vergeblich an den Toren der Konzerne rütteln. Wobei das im Grunde noch ein Bild aus vergangenen Zeiten ist: Es gibt kein Tor, an dem man rütteln könnte, und niemand schaut aus dem Fenster des vierzehnten Stocks, um empörte Kunden auszulachen.

Zurück auf den Boden unserer Tatsachen

Regenwasser tropft in Frankfurts Schulen von der Decke und der Putz fällt in Bröckchen von den Wänden. In manchen Gebäuden gibt es das Wasser-Problem bereits seit zwanzig Jahren. Viele Schulen in der Stadt der Banken und des Geldes sind sehr alt und renovierungsbedürftig, neue Schulen müssten gebaut werden. In Hessen wird der Investitionsbedarf dafür auf 5 Milliarden Euro geschätzt, die Hälfte davon würde in Frankfurt gebraucht. Die Liste der Mängel an Frankfurts Schulen ist lang: Toiletten werden nicht benutzt, weil sie zu verkommen sind; Jungen müssen gegen die Wand in eine Rinne pinkeln; in Turnhallen stehen Eimer, in denen das Wasser, das von der Decke tropft, aufgefangen wird. Es ist der Initiative von Eltern zu verdanken, dass manche Mängel abgestellt wurden. Es wird berichtet, dass oft erst dann, wenn die Presse eingeschaltet wird, der Druck so groß ist, dass die Stadt Frankfurt etwas unternimmt. Über die Integrierte Gesamtschule Süd Sachsenhausen ist zu lesen, dass fünf Räume einsturzgefährdet und infolgedessen gesperrt sind. Erst Eltern- und Schülerproteste veranlassten die Stadtverwaltung zum Handeln. Der Stadtelternbeirat konstatiert, dass die Situation alarmierend sei, dass die Zahl der Kinder an den Schulen gewachsen sei und dass die maroden Schulen deshalb aus allen Nähten platzen. 24 neue Schulen müssten gebaut sein, die Pläne stehen aber nur auf dem Papier. 184 Stellen im Amt für Bau und Immobilien der Stadt Frankfurt sind unbesetzt. Und wo soll auf dem überhitzten Immobilienmarkt Frankfurts überhaupt Baugrund gefunden werden? Keine Grundstücke, kein Geld, keine funktionierende Bürokratie … Die Schule wird – so ist immer wieder zu hören – über die Zukunft unserer Gesellschaft, also auch die Zukunft Frankfurts, entscheiden. Insofern ist der Zustand dieser zentralen Dienstleistung der Stadt ein Katastrophenbericht. Und das geschieht zugleich: Am 15. Februar 2024 verkündet der Microsoft-Chef Brad Smith, dass sein Konzern 3,26 Milliarden Euro in Deutschland für Künstliche Intelligenz investieren wird – vor allem in Frankfurt am Main. Mit dem Geld sollen die Kapazitäten von Rechenzentren ausgebaut werden. Es sollen aber auch bis zu 1,2 Millionen Menschen in KI-Weiterbildungsprogrammen geschult werden.[22] Was ist das los in einer Stadt, in der Milliarden für Rechenzentren ausgegeben werden, während es in die Schulen hineinregnet? Koppelt sich die digitale Elite ab und entschwebt in digitale Himmelssphären, während das gemeine Volk in den Trümmern der Dienstleistungsgesellschaft herumstolpert, die für diese neuen Eliten nicht mehr interessant ist? Spaltet sich die Gesellschaft nicht nur in die kleine Schar der Superreichen und die Masse der Prekären, sondern auch in eine mit allen Wassern gewaschene digitale Oberschicht und eine Unterschicht, die sich mit ausfallenden Bussen, Industriefraß, verwahrlosten Bildungseinrichtungen und halsabschneiderischen Wohnungsmieten abfinden muss?

Ist die Schulpflicht schon abgeschafft?

Deutschland wird gerade zu einem Land, in dem gewohnte Ansprüche und Selbstverständlichkeiten verschwinden. War nicht die Schulpflicht eine der sakrosankten Säulen dieser Wohlstandsgesellschaft? Eltern drohen Bußgelder, wenn sie nicht für den Schulbesuch ihrer Kinder sorgen. Vom 14. Lebensjahr an können Jugendliche belangt werden, wenn sie der Schulpflicht nicht nachkommen. Wehe dem, der es wagte, seinen Kindern die Schule zu ersparen. Oder sich gar auf Ivan Illichs Thesen zu berufen, die besagen: Die Schule ist ein Verhängnis, sie gehört abgeschafft. Von Abschaffung der Schule ist heute überhaupt nicht die Rede, vielmehr ist in alarmiertem Ton von der Notwendigkeit des Ausbaus und der Verbesserung die Rede. Mehr Bildung! Mehr Lehrpersonal! Mehr Qualifikation! Die Abschaffung der Schule kriecht aber tatsächlich ganz real in unseren Alltag ein – und das nicht als Folge eines Protestes oder eines zivilen Ungehorsams, sondern weil die Schule dem selbstgestellten Anspruch nicht mehr gerecht wird. „Weder Pflicht noch Recht auf Schulbesuch (sind) in allen Bundesländern gewährleistet."[23] Das betrifft vor allem zugewanderte und geflüchtete Kinder. Aber da handelt es sich ja nicht um eine kleine Minderheit, sondern um eine die deutsche Zukunft mitbestimmende Großgruppe: Kinder ohne Schulbildung. Die drohende Spaltung der Gesellschaft wird in den versagenden Schulen systematisch gezüchtet. In einer Mischung aus Diskriminierung, Desinteresse, Geld- und Personalmangel, ergänzt noch um fehlende Räume, entstehen Parallelgesellschaften, die nicht einmal mehr an den Basisstandards der Bildung unserer Gesellschaft teilhaben.

Gutsituierte Eltern versuchen, die Abwesenheit von Lehrern und den Ausfall von Unterricht durch privat finanzierten Nachhilfeunterricht aufzufangen. Es wächst der Verdacht, dass in migrantischen Kreisen die Einsicht in den Vordergrund drängt, dass Bildung sowieso nicht zu kriegen ist, dass ein gut gepolstertes Leben auch ohne Reifezeugnis zu haben ist und dass einem deshalb die Schule auch egal sein kann. In den sechziger und siebziger Jahren des letzten Jahrhunderts konnten sich Eltern darauf verlassen, dass die Schule funktioniert. Da gab es Konflikte aller Art, es fanden antiautoritäre Aufstände statt etc. Aber irgendwie lief das alles. Bildung fand statt und irgendwas blieb hängen. Jetzt wird die zentrale Bildungseinrichtung dieser Gesellschaft von beiden Enden her aufgefressen. Am „unteren" Ende – bei den Menschen mit Migrationshintergrund, bei denen, die aus Hartz IV-Familien kommen (jetzt Bürgergeldkinder), schrumpft die einst ehrgeizige Zwangsbildung zu einem löchrigen Schnuppizismus, ja zu einer aktiven Verweigerung. Die Lehrenden haben keine Disziplinprobleme mehr, weil in vielen Klassen dieses Ziel überhaupt nicht mehr existiert. Die benachteiligten Randgruppenkinder zeigen der Institution zunehmend den Stinkefinger und gehen ihren eigenen Weg, während die Hampelmänner und Hampelfrauen vorn am Pult im Burnout versinken oder das Ding einfach laufen lassen. Die Schuld an diesem Zusammenbruch ist auf verschiedene Schultern verteilt: Die Schulbehörden, die den Zustand nicht ändern wollen oder nicht können. Eltern, die das Gastland, in dem sie leben wollen, als eine dumme Kuh ansehen, die man melken muss. Lehrende, die an ihrer Verbeamtung interessiert sind, aber ihren Eros als Lehrende auf dem Weg in den Staatsdienst irgendwo verloren haben. Dass der Gemeinsinn schwindet, das spüren alle. Vielleicht ist aber dieses Schwinden im Bildungsbereich besonders schmerzlich, gefährdend und irreparabel. Das Zeitalter des Buches geht zu Ende. Das Zeitalter der „klassischen" Bildung auch. Man kann heute das Abitur haben, ohne den Namen Aristoteles gehört zu haben. Aber dass auch die Fähigkeit zu Schreiben und zu Lesen in kontinuierlich wachsenden Arealen auf Gleichgültigkeit stößt, zeigt, dass die Fundamente, auf denen wir lange gestanden haben, unterspült sind.

In Alpentälern gehen immer mehr Geröllawinen ab, weil die Erosion unaufhaltsam voranschreitet. Die Bildungserosion bei Erstklässlern und Abiturienten frisst sich ebenfalls voran. Die Lawinen, die da abgehen werden, kann man schon ahnen. Sie reißen die Dörfer der Erinnerung, die im Tal stehen, weg und begraben kulturelle Vielfalt. Die Bewohner werden im digitalen Todesschlaf überrascht, weil sie ihre Ohrstöpsel nicht so schnell rausreißen können wie das Bildungserosions-Unheil kommt, das über sie hinwegrollt.

Der Zusammenbruch der Institutionen ist überall spürbar

Was sagt uns das: Moscheen werden in Deutschland gebaut, Kirchen werden abgerissen. In einer hessischen Großstadt engagiert sich ein türkischer Bürger für den Bau einer Moschee. Sie soll acht Millionen Euro kosten, ein „imposanter Bau“ soll entstehen. Dieser Mann ist umgeben von einer liebenswürdigen Familie und ausgestattet mit einem deutschen Pass, er betreibt ein kleines Handygeschäft. Ich habe wenig Zweifel, dass das Geld zusammenkommen wird. Ich merke aber, dass die Sache an mir nagt. Ich fürchte, dass es ein riesiger schuhkartonähnlicher Bau mit Minarett wird. Dem Glauben gewidmet, aber kein Schmuckstück, sondern ein religiöser Funktionsbau mit Lagerhallencharakter. Die großartige islamische Tradition des Moscheenbaus wird hier wohl eher nicht fortgesetzt werden – das waren Bauten wie sie etwa mit der berühmten “Blauen Moschee“ in Istanbul sichtbar sind. Die Blaue Moschee wurde im siebzehnten Jahrhundert von Sultan Ahmed Camii in Auftrag gegeben. Auch eine zeitgenössische islamische architektonische Innovation erwarte ich eher nicht. Aber vielleicht ist das nur Neid darauf, dass der Islam noch riesige und aufwändige religiöse Neubauten zustande bringt? Blüht die islamische religiöse Institution auf, während ‚unsere‘ Kirchen leer sind und die Institution Kirche gerade vor die Hunde geht? Seit der Jahrtausendwende wurden in Deutschland über 500 katholische Kirchengebäude als Gottesdienstorte aufgegeben, 140 wurden abgerissen. „Aber wir stehen in dieser Entwicklung erst am Anfang“, sagt der Bonner Liturgiewissenschaftler Albert Gerhards. „Wenn sich kein Umdenken einstellt, ist für die kommenden Jahre ein starker Anstieg von Abrissen absehbar.“[24]

Hunderte evangelischer und katholischer Kirchen sind in Deutschland schon abgerissen. Was soll man auch machen? Erstmals sind jetzt in Deutschland die Christen eine Minderheit: Die Mehrheit der Deutschen sind nicht mehr Mitglieder einer der beiden Volkskirchen. Die Kirchen sind leer, der Abriss naheliegend. Aber man muss sich vergegenwärtigen, was da für ein epochaler Umbruch vonstatten geht. Alte Menschen verspüren – zum Teil – den Schmerz darüber, dass die Kirche nicht mehr im Dorf ist. Sie hat ihre kulturelle und religiöse Bedeutung schon länger verloren, nun folgt dem Stück für Stück der Abriss der Gebäude. Der Kölner Dom wird wohl noch länger stehen, wo er steht, aber er ist eben auch eher ein touristischer Hotspot als ein christlicher Brennpunkt. Wird der Dom irgendwann zu einer Boutique für Surfbretter umgewidmet? Ich sehe, wie im vierten Stock des Parkhauses am Flugplatz in Innsbruck ein Muslim in weißem Gewand ein Stück Pappe auf den Boden legt und sich dann auf seine Knie niederlässt, um sein Gebet zu verrichten. Ich sehe im Fitnesscenter in Gießen einen jungen muskulösen Mann sein Handtuch im Umkleideraum auf dem Boden ausbreiten, auch er verrichtet sein Gebet. Das (christliche) Gebet ist aus den öffentlichen Räumen verschwunden. Wir Menschen ‚mit christlichem Religionshintergrund' werden zu einer Minderheit, wir sind am Ende.

Die Krise der Kirche ist in aller Munde – von der Austrittswelle bis zu den Mißbrauchsskandalen.[25] Man hat den Eindruck, dass die Leute die 2000 Jahre alte Institution Kirche gar nicht schnell genug beerdigen können. Der äußere Vorgang hat eine innere Entsprechung. Innerhalb weniger Jahre hat sich der Vorgang der Verdiesseitigung der Menschen vor unseren Augen vollendet. Ein bisschen Yoga, ein bisschen Meditation, ein paar Zen-Zitate, aber sonst triumphiert eine betonfarbene Rationalität, die von Transzendenz nichts weiß und nicht wissen will.

Sankt Ludgerus ist eine katholische Kirche in Alme, einem Ortsteil von Brilon im Sauerland. Der Hauptraum der Kirche soll abgerissen werden, um die Kirche zu verkleinern – 200 Quadratmeter zu viel ‚Glaubensraum'. Es kommen ja sonntags nur ein paar Menschen. Aber es gibt Dorfbewohner, die sich zur Wehr setzen. Von Herzblut ist die Rede und Tränen werden vergossen. „Wie soll das denn mit dem Glauben weitergehen?" fragt eine ältere Frau. Hier wurden Ehen geschlossen, hier hatte der Zusammenhalt im Dorf seinen Ort. Das Osterfeuer wurde in der Kirche entzündet und dann zum großen Feuerstapel getragen. Die Großeltern hatten zusammengelegt und an diesem Anbau mitgewirkt. „Wir waren doch Meßdiener hier", sagt ein Mann in mittleren Jahren. Bilder von der letzten Messe werden gezeigt, vom Akt der ‚Profanierung' und ‚Entweihung', das Kreuz, die Reliquien werden weggetragen. Es kommen Handwerker, die die Orgel ausbauen sollen, die ist nach Polen verkauft. Empörte Dorfbewohner verkleben die Schlüssellöcher und verhindern so – vorübergehend – den Ausbau der Orgel. Dass eine seltene Fledermausart in der Kirche entdeckt wird, verzögert den Abriss noch einmal, aber er bleibt unabwendbar.[26] Ja, die Entscheidung der Kirchenleitung ist nachvollziehbar, der überflüssige ‚Glaubensraum' kostet Heizung, Licht etc. Und dennoch ist es ein schmerzlicher Abschied von einer langen gemeinschaftstiftenden Gewohnheit, von einer Dorfkultur, wie er gerade überall vor sich geht: Abbruchmentalität.

R., ein Dorf im Vogelsberg hat das im Zeitraffer durchgemacht. Das Dorf war katholisch, alle gingen zur Kirche, nicht nur sonntags, sondern auch samstags und zu allen möglichen Festen, die verschwunden sind. Es war für manchen – besonders für Jugendliche – bedrückend, aber es war eine intensive Zusammengehörigkeit, die von der Kindheit bis zum letzten Atemzug da war. Durchzogen war der Alltag von nachbarschaftlicher und priesterlicher Kontrolle. Jeder hatte seinen Garten, das Sauerkraut wurde mit bloßen Füßen gestampft, die Keller waren voll mit Eingemachtem, man trug die Tracht und lebte in einer rigiden, aber auch beschützenden Moral. Jetzt sind die Gärten durch Rasen ersetzt, der von Robotern kurzgehalten wird, das Essen (der Industriefraß) kommt aus dem Supermarkt, die Vereinzelung hat sich durchgesetzt und niemand geht mehr zur Kirche, auch weil es gar keinen Priester mehr gibt. Das Dorf ist modernisiert, befreit von religiöser Bevormundung, die Orientierung an Geld und Immobilien bestimmt jetzt die Hierarchie – und die Vereinzelung ist zum. Grundmuster geworden. Niemand hat die Institutionen der Gemeinschaft in einem revolutionären Akt zerstört: Sie sind im Prozess der Transformation ganz einfach zusammengebrochen. Und nun sitzen alle im Trümmerfeld. Der Priester ist gegangen, Dienstleistungen aller Art sind an die Stelle getreten, aber sie verstärken die Vereinzelung, die Abhängigkeit und spalten das Dorf in Reiche und Arme.

Vom Zukunftsmodell zum Krisensymptom

Die Post funktioniert immer schlechter, die Zustellung verzögert sich immer häufiger. Die Post – so teilt die Deutsche Post mit – soll künftig weniger Zeitdruck bei der Briefbeförderung bekommen, dadurch könnten Kosten gesenkt werden und der Brieftransport mit Nachtfliegern könne eingestellt werden. Wir sollen hören, dass diese spätere Zustellung ökologische Vorteile bringt und dass der Stress für die Zusteller sinkt. „Alles gut," sagt man bei so etwas ja heute. Wenn ich meine schwer beladene Briefträgerin sehe oder den Mann mit Migrationshintergrund, der rennt, um seine Berge von Paketen loszuwerden und mir atemlos seinen Scanner zur Unterschrift reicht, dann wage ich es gar nicht, mich zu beschweren. Ich denke daran, wie vor vielen Jahren der Briefträger Herr Wagner Jahr um Jahr die Post brachte, seine Leute kannte und (das ist wirklich wahr), wenn ich abwesend war, mit einer Schnur die einsame und beleidigte Katze für einige Minuten zum Spielen verlockte. Er wusste natürlich, wo der Schlüssel lag. Hin und wieder trank er sogar einen Kaffee mit uns und erzählte, welche seiner Kundinnen krank oder einsam seien.

Max Weber und Wladimir Iljitsch Lenin erhoben – das erwähnt David Graeber – das deutsche Postwesen zum Modell für die Zukunft, „die Post war im Grunde einer der ersten Versuche, hierarchische, militärische Organisationsstrukturen in den Dienst des Gemeinwohls zu stellen".[27] Heute sieht mein Postkasten anders aus als früher. Briefe sind selten geworden, ich finde lauter Post, die ich eigentlich gar nicht will: Verbrauchsabrechnungen, Mahnungen, Bestellkataloge, Gewinnspiele, Gerichtsvorladungen, Steuerbescheide, windige Kreditkartenangebote und Spendenaufrufe

Mit Sicherheit in den Stillstand

Der Weg in die perfekte Sicherheitsgesellschaft ist ein Irrweg. Das wird in kleinen und großen Geschichten deutlich. Hier eine kleine: Gespräch mit einem Dezernenten im Regierungspräsidium der Großstadt F. Im Innenhof des großen Gebäudekomplexes sollte – das war seine Idee und sein Wunsch – in der Adventszeit 2023 ein Weihnachtsbaum aufgestellt werden. Der große Baum kommt und steht grün und verheißungsvoll da. Die Lichterkette fehlt noch. Die Hausmeister verweisen auf ihre Vorschriften. Die erlauben nicht, dass sie auf eine so hohe Leiter klettern. Der Dezernent erwägt, die Lichterkette selbst dranzuhängen. Die Hausmeister legen schließlich den Baum um, sodass er auf der Seite liegt. Dann wickeln sie die Lichterkette um die Zweige, der Baum wird wieder aufgerichtet. Man könnte lachen oder sich fürchten: Selbst die kleinen Verrichtungen des Alltags sind so bürokratisiert, dass irgendwie nichts mehr geht. Lieblingssatz: „Wer übernimmt die Verantwortung? – ich nicht." Ob es nun der Ausflug des Kindergartens ist, die Exkursion einer Schulklasse – alles wird zum Risiko, sogar der (hygienisch offiziell nicht kontrollierte) Käsekuchen für das Kindergartenfest. Mehr und mehr Lähmungserscheinungen zeigen sich an den Gliedern der Dienstleistungsgesellschaft.

Power to the Bauer?

Es hakt überall: In der Bildung (man lese die jüngste Pisa-Studie), in der Ökonomie (Deutschland in der Rezession), bei der Infrastruktur (Die Bahn! Die Brücken!) in der Baubranche (Stillstand), in der Pflege (Pflegekatastrophe), im Gesundheitssektor (wehe Du bist ein Notfall!), bei den Handwerkern (es scheint keine mehr zu geben), bei der Post (Filialen schließen, die Zustellung darf jetzt Tage dauern). Während also in Krankenhäusern ganze Abteilungen geschlossen werden, weil Pflegekräfte fehlen, während mehr als jede zweite Rentnerin mit weniger als 1250 Euro auskommen muss, Kinder in Containern lernen, weil die Renovierung der Schulen nicht vorankommt, herrscht in der Gesellschaft folgerichtig Krisenstimmung.[28] Und diese Krise ist im Kern und immer wieder eine Krise der Dienstleistungsgesellschaft.

Schauen wir uns eine zentrale Dienstleistung an, schauen wir auf die Landwirtschaft., schauen wir auf die Bauern. Zentral ist diese Dienstleistung, weil sie für unsere Nahrung sorgt. Das sagen die Bauernverbände jedenfalls. Am 8. Januar 2024 beginnen in Deutschland die Bauernproteste. Die überdimensionalen Traktoren der Bäuerinnen und Bauern blockieren Autobahnauffahrten, Innenstädte, Proteste überall im Lande, besonders in Berlin. Ähnliches geschieht in Frankreich und den Niederlanden.

Und da ist man dann bei den Bauern – und ist man auch auf ihrer Seite? Es fing eigentlich mit der Kürzung von eher nebensächlichen Subventionen (Bauerndiesel) an und wurde zu einem Aufschrei. Menschen in der Landwirtschaft arbeiten äußerst hart und die haben den Eindruck, dass die Regierungspolitik ihnen nicht unter die Arme greift, sondern dass Beamte, die von der Sache nichts verstehen, ihnen in die Arme fallen. Sie sehen damit die Versorgungssicherheit Deutschlands gefährdet. Vergleicht man das Jahr 2018 mit 2010, dann sind in Rheinland-Pfalz in diesem Zeitraum mehr als 15 Prozent der landwirtschaftlichen Betriebe verschwunden. In Bayern waren es in absoluten Zahlen am meisten: 13.860 Höfe haben aufgegeben. Das ist nicht nur ein Trauerspiel für viele Familien, deren Höfe oft über lange Zeiten betrieben wurden. Es legt auch die Axt an die Wurzel der Versorgungssicherheit in Deutschland. Die Dienstleistung „Nahrung", die von den kleinen Höfen kommt, zerbröckelt. Nein, sie wird wohl eher zerstört. Sie wird abgelöst von gigantischen Landwirtschaftskonzernen oder dem Import von Nahrungsmitteln aus China oder Lateinamerika.[29] Der Protest der Landwirte begann als ein Kampf um Vergünstigungen und billigeren Diesel. Aber das war im Grunde nur eine Initialzündung. Es wurde der Kampf einer Gruppe von Menschen, die für unser tägliches Brot einstehen. Landwirtschaft – das ist ein harter Job, zu dem das frühe Aufstehen, der seltene Urlaub und die geringen Einkünfte gehören. So mancher Bürojob wirkt da doch wie ein Vorgeschmack auf den Ruhestand.

An der Landwirtschaft kann man die Bedrohung der kleinen, existenzsichernden Dienstleistungen sehen. Die Bauern sind ebenso bedroht wie die Buchhandlungen, die Landarztpraxen, die Lebensmittelgeschäfte: Alles, was klein ist (und obendrein alt) muss weg. Und die Landwirte haben begriffen, dass ihre kleinen Höfe keine Chance haben, ebenso wenig wie die Buchhandlungen eine Chance gegen die Thalia-Ketten haben, der Tante-Emma-Laden gegen Aldi und Rewe, die Arztpraxis gegen das Gesundheitszentrum, das Kreiskrankenhaus gegen den Vitoskonzern, die Lokalzeitung gegen den Medienverbund.

Und das ist die Ambivalenz bei den Bauernprotesten. Neben den kleinen Betrieben werfen längst riesige landwirtschaftliche Konzerne ihre Schatten über das Land, die für gewaltige Monokulturen sorgen, die mit ihren tonnenschweren Pestizidmengen, ihrem Verbrauch von Grundwasser und Glyphosat den Boden zerstören. Im Jahr 2022 haben Pestizid-Hersteller in Deutschland 32.138 Tonnen Pestizide verkauft. „Der Absatz von Pestiziden in Deutschland ist damit bereits zum dritten Mal in Folge gestiegen. Pestizide werden jedes Jahr tonnenweise auf Feldern, in Schutzgebieten und direkt vor unseren Haustüren versprüht," klagt der BUND.[30] Glyphosat ist das „Super-Ackergift". 2020 verdienten die Hersteller fast 450 Millionen US-Dollar mit dem Verkauf des Gifts[31].

Landwirtschaftliche Dienstleister in Gefahr? Das gilt für die kleinen Höfe. Landwirtschaftliche Konzerne, die auf eine monopolistische Versorgung zusteuern, sind dabei, eine Superstruktur zu bauen, die mit einer Mischung aus Industrialisierung und massenhaftem Einsatz von Giften die lackglänzenden Tomaten und neonfarbenen Gurken in die Regale der Supermarktketten spült. Das Höfesterben unterminiert unsere Ernährungssouveränität und fesselt uns an eine ebenso monopolistische wie monokulturelle Versorgung durch Konzerne, deren Gigantomanie die Furcht vor einem Zusammenbruch dieser Versorgung entstehen lässt. Nicht überall zerbricht die gewohnte Dienstleistung, aber überall wird sie tendenziell in Großstrukturen überführt, die uns Bürger jederzeit am ausgestreckten Arm verhungern lassen können. Ob in den Wartezimmern der Gesundheitszentren, ob in den Regalen der Lebensmittelkonzerne, den vergammelnden Bildungsfabriken oder auf Bahnhöfen, auf denen die Ankunft und Abfahrt von Zügen unsicher ist – sollen wir uns vielleicht daran gewöhnen, dass nichts mehr funktioniert? Ach ja: Ist das alles German Angst? Irrationale Jammerei? Die Botschaft eines Cartoons im Spiegel: „OGOTTOGOTT, WEH, STÖHN; ÄCHZ; JAMMER; JAMMER", das ist eine Sprechblase, die aus einem Flugzeug aufsteigt. In der anderen Sprechblase heißt es korrespondierend: „Ein paar Sprachbrocken nimmt man ja immer mit nach Hause. Sie waren in Deutschland?"[32] Der Erschöpfungszustand vieler Menschen wird verspottet. Man könnte den Eindruck haben, dass die verbreitete Erschöpfungsstimmung so manchen Wächter auf den Plan ruft, der mit Zuckerbrot und Peitsche die alte Leistungsorientierung und Verfügbarkeit wieder herstellen möchte. Es sieht nicht so aus, als wenn das gelingen könnte.

Trecker-Demos im Dilemma

Die Bauernproteste hinterlassen einen zwiespältigen Eindruck: Zweifellos ist die Empörung der kleinen bäuerlichen Dienstleister berechtigt, deren Existenz gefährdet ist. Aber sie mischt sich mit dem machtvollen Protest der bäuerlichen Großlobby, die von ihren zerstörerischen Zutaten, die erdvernichtend sind, nicht lassen möchte. Schaut man auf das Gesamtbild, dann schaut man auf einen Anbau von Lebensmitteln, der fruchtbares Land zerstört. Vergiftet, ausgelaugt und weggeschwemmt wird der kostbare und unersetzliche Boden. Die Großen verdrängen die Kleinen. 14 Prozent der landwirtschaftlichen Betriebe bewirtschaften heute mehr als die Hälfte der Agrarfläche. 31.911 Euro kostet 2022 ein Hektar Agrarland. Im Jahr 2000 lag der Preis noch unter 10.000 Euro.[33] Der Boden ist aber – so muss man eingestehen – unser wichtigster ‚Dienstleister', den wir mit Dankbarkeit und Respekt und Vorsicht zu behandeln hätten. Und im Grunde ist völlig unverständlich, dass die kleinen Höfe sich seit Langem so widerspruchslos der Politik ihrer Verbände fügen, die vor allem die Interessen der Agrarindustrie vertreten. Sie kooperieren mit denen, die es gerade auf die Einverleibung der Kleinen abgesehen haben.

Groß frisst Klein

Und man muss eben sagen, dass es allenthalben um die Vernichtung der Kleinen geht, ob auf dem Bauernhof, im Tante-Emma-Laden oder in den Buchläden, die nicht den großen Handelsketten angehören. Gerade wird über einen Anschlag auf den Buchhandel berichtet: Buchhändler, die keine großen Umsätze machen, geraten unter Druck. Normal ist bisher die Über-Nacht-Lieferung. Sie allein garantiert die Kundschaft, die sonst lieber bei Amazon bestellt. Der Großhändler „Zeitfracht Medien" hat die Übernachtlieferung ab 1. Februar 2024 für die Kunden eingestellt, die ein besonders geringes Jahresabnahmevolumen haben. Zeitfracht ist Marktführer im deutschen Buchgroßhandel und beliefert Buchhandlungen, die pro Jahr für weniger als 30.000 Euro Waren abnehmen, künftig nur noch zweimal pro Woche. Davon wird etwa jeder zehnte Kunde betroffen sein; Zeitfracht beliefert 5550 Buchhandlungen und andere Geschäfte, die Bücher verkaufen. Der Schritt wird mit Kosten für das Personal, Energie, Material und Transport begründet.[34]

Die Makrostrukturen mit ihren verseuchenden Folgen sind im Begriff, einen lebenswerten Alltag unmöglich zu machen. Andreas Weber versucht, dafür sensibel zu machen. Er beschreibt seine Besuche bei Krähen im Berliner Grunewald. Und er spricht von dem gemeinsamen Luftraum, der alle Wesen miteinander verbindet. Wenn die Sonne untergeht, fährt er mit dem Fahrrad in den Stadtwald, er kauert auf dem gefrorenen Boden und schaut auf die in den Lüften kreisenden Vögel. Was würde ein Augure, ein antiker Seher, aus den Bewegungen der Vögel lesen? „Würde der Seher die Botschaft der Vögel darin zusammenfassen, dass wir weniger rationale Gesetze brauchen und mehr auf unser Gefühl hören sollten? Oder würde er nur schweigend dasitzen und erfassen, dass alle Vögel, indem sie da oben kreisen und einander jagen, sich zu Haufen sammelnd und einander wieder verlierend, einen konstanten Strom von Liebe bilden, der alles erfasst, der das Ganze umgreift und spiegelt, so dass er sich selbst hören kann, von Anderen gehört werden kann und sich weiter zu erhalten vermag?“[35]

Es ist die Schilderung einer berührenden Begegnung von Mensch und Tier, von Mensch und Natur. Aber Andreas Weber fügt hinzu, dass die großen Krähenschwärme längst geschwunden sind. In den 1970er Jahren waren es – so wird geschätzt – mehr als sechzigtausend Krähen, die sich in verschiedenen Stadtteilen versammelten. Heute ist die Zahl auf ein Viertel oder Fünftel geschmolzen. Das hat wohl zu tun mit dem großflächigen Erlöschen der Krähenpopulationen im Osten, die früher geschlossen nach Berlin einflogen. Industrielle Landwirtschaft in Polen, in der Ukraine und in Russland hat dieses Krähenleben vernichtet.[36]

Der Drang, die Menschheit zu retten, ist fast immer ein Vorwand für den Drang, sie zu beherrschen.

HENRY LOUIS MENCKEN (1880-1956)
AMERIKANISCHER SCHRIFTSTELLER

Wer hat sich das ausgedacht?

Geburtsfehler der Dienstleistungsgesellschaft

Was ist überhaupt eine Dienstleistung?

In den kleinen Gehöften im Norden Namibias gibt es eine nachbarschaftliche Selbstverständlichkeit. Wenn kein Saatgut da ist, um in der Regenzeit Hirse auszusäen, dann springen die Nachbarn ein. Manchmal ist das eigene Saatgut verschimmelt oder Tiere haben es gefressen – dann droht große Not, denn Hirse ist das Grundnahrungsmittel der Menschen in diesem Landstrich. Sie wird in einem Bottich gestampft und dann zu einem Brei verkocht: „Oshifima" ist die Mahlzeit, die – wenn keine Not herrscht – zweimal am Tag gegessen wird, mit Spinat oder Bohnen oder an besonderen Tagen mit Fleisch. Die Gehöfte umfassen Rundhütten, die aus den Materialien der Landschaft erbaut sind, umgeben von einem Palisadenzaun, der die große Familie (und oft auch die Tiere) eint und schützt. Man wohnt nicht in Dörfern, sondern das nächste Gehöft ist meist in Sichtweite, aber doch entfernt gebaut. Die Hirsefelder umgeben den „egumbo", so heißen diese Gehöfte in der Sprache der Donga. Die Hirse wird in geflochtenen Behältern sorgfältig aufbewahrt. Manchmal wird auch etwas von dem überlebenswichtigen Saatgut in einer Hütte aufbewahrt. Das Saatgut hängt dann von der Decke und ist so vor Feuchtigkeit und vor Nagern sicher. Aber es kommt vor, dass, wenn das Feld gepflügt und der Regen gekommen ist, das Saatgut fehlt. [37] Und dann helfen die Nachbarn, wenn sie können, aus. Ist das eine Dienstleistung? Wir denken, wenn wir von Dienstleistung reden, vielleicht zuerst an den Klempner oder die Reinmachefrau. Aber das, was da gemeint ist, war in bäuerlichen Gesellschaften die persönliche Gabe, die nicht entgolten wurde, sie wurde nicht bezahlt, sie war nicht normiert, sie war nicht gemessen und nicht gewogen. Aber sie war mit der Erwartung der Gegenseitigkeit verbunden. Der Geber konnte davon ausgehen, dass ihm – sollte er in Not geraten und ohne Saatgut dasitzen – Hilfe zuteilwerden würde. Diese „Dienstleistung" war nicht vertraglich geregelt und nicht einklagbar. In traditionellen Gesellschaften waren solche Dienstleistungen vielmehr das selbstverständliche Ferment der Gemeinschaft. Wer sich nicht daran hielt, musste mit der Ächtung der anderen Nachbarn rechnen. Krankheit, Hunger, Feuer waren Anlässe zu nachbarschaftlichen Dienstleistungen, die nicht immer funktionierten, aber doch den Kern subsistenter Gemeinschaften bildeten. Diesen nachbarschaftlich gestimmten Dienstleistungsgesellschaften droht heute die Vernichtung. Obwohl noch immer 80 Prozent der Weltbevölkerung aus solchen kleinbäuerlichen Lebenswelten ihre Nahrung, ihre Kultur, ihre Bildung, ihre Heilung beziehen, werden solche ‚Dienstleistungsbetriebe' systematisch stillgelegt. Die „Grüne Revolution" hat damit in den 1960er Jahren begonnen, indem – vor allem in Asien – neue Technologien in die Landwirtschaft eingeführt wurden. Traditionelle Techniken und traditionelle Lebensformen wurden vernichtet, vor allem aber mündete die Grüne Revolution in der Verschuldung bäuerlicher Betriebe, die gedrängt wurden, neues Saatgut zu kaufen, das ohne Pestizide und Kunstdünger nicht gedeiht. Damit begann die Schuldenspirale sich zu drehen. Zwischen 2006 und 2016 haben in Indien mehr als 140.000 Bauern Selbstmord begangen. Es ist die Folge erbarmungsloser Modernisierungsstrategien. Der erzwungene „Fortschritt" hat die indischen landwirtschaftlichen Kleinbetriebe von den großen Saatgut-, Pestizid- und Kunstdüngerkonzernen abhängig gemacht.

Landgrabbing, das heute in Osteuropa, Asien, Lateinamerika und Afrika in großem Stil stattfindet, wird ja oft mit der Behauptung verteidigt, nur landwirtschaftliche Großbetriebe könnten die Menschheit vor Hungerkatastrophen retten. Tatsächlich behaupten die Konzerne, sie würden mit ihren Dienstleistungen die Welt retten, während sie in Wirklichkeit die kleinbäuerliche Landwirtschaft, die noch immer die meisten Menschen auf dem Planeten ernährt, zerstören, um ihre Gewinne zu steigern. In Äthiopien, wo seit Längerem Landgrabbing in großem Stil und staatlich gebilligt stattfindet, wird diese Enteignung erbarmungslos vorangetrieben. Agenten überreden Jugendliche, ihnen die bäuerlichen Flächen der Eltern zu überschreiben. Das geschieht, die eingeschüchterten Alten wagen nicht dagegen zu klagen, sie hätten auch nicht das Geld oder die

Möglichkeit, sich vor Gericht zur Wehr zu setzen. Ihnen bleiben kleinste Flächen, auf denen Viehhaltung nicht mehr möglich ist. Die Jungen lassen sich von den kleinen Geldsummen blenden, die ihnen versprochen werden.[38] So wird aus der subsistenten, geldfreien und familialen Dienstleistung, die das Überleben sichert, eine konzerngestützte oder von Großgrundbesitzern marktgängig gemachte Dienstleistung, die zu Elend, Hunger, Verschuldung und Abhängigkeit führt. Und diese Dienstleistung gibt sich als modern, fortschrittlich, zukunftsfähig. Tatsächlich vernichtet sie die Fähigkeit, sich selbst zu ernähren, Nahrung muss gekauft werden. Im Grunde ist dieser Prozess der Zerstörung des subsistenten Lebens zugunsten konzerngestützter Unterwerfung das Geheimnis aller erfolgreichen Dienstleistung in unserer Gegenwart. Sie beginnt fast immer als ein Projekt der Zerstörung des Kleinen, des Sozialen, des Eigenen zugunsten der schwer durchschaubaren Großstrukturen. Das wird dann lebensbedrohlich, wenn diese Dienstleistungsindustrie in eine Krise gerät – die heute dabei ist zur Dauerkrise zu werden. Die industrialisierten Dienstleistungen haben es vermocht, die Gegenwart zu kapern, sodass unsere heutige Gesellschaft nun tatsächlich makabrer Weise als Dienstleistungsgesellschaft bezeichnet werden kann. Und dahinter verbirgt sich ein Prozess umfassender Entmündigung. Die Allmende war im Mittelalter nutzbares Land, das zu einem Dorf gehört. Es durfte von den Bauern des Dorfes als Gemeinschaftseigentum genutzt werden, man durfte dort zum Beispiel seine Kühe grasen lassen. Es gab aber auch eine nicht klar abgegrenzte und definierte soziale Allmende. Dazu gehörte zum Beispiel die Gabe von Saatgut in Notzeiten – siehe oben. Die Menschen lebten aus einer sozialen Allmende, die eine Art soziale Absicherung in Notzeiten war. Es war eine persönliche, lokale und nicht geldorientierte Dienstleistung. So wie die natürliche Allmende (Wiesen, Holz, Teiche) zum Verschwinden gebracht wurde, so hat die industrialisierte Dienstleistung diese soziale Allmende getötet.

Vom Dienst an anderen zum Dienst als Ware

Das Wort Dienstleistung, das man geneigt sein könnte als ein sehr modernes Wort zu betrachten, hat alte Wurzeln, ist aber im Grunde ein modernes Plastikwort geworden.[39] Ein kurzer Blick zurück: Das Grimm'sche Wörterbuch verzeichnet den Begriff schon für das 17. Jahrhundert. Dienstleistungen sind „dienste wozu man verpflichtet ist, oder die man freiwillig leistet". Auf der Zittauischen Bühne wird 1682 ein Theaterstück aufgeführt, das Christian Weise geschrieben hat. Das Stück trägt den Titel: „Das Ebenbild eines gehorsamen Glaubens, welches Abraham in der vermeinten Opferung seines Isaacs beständig erwiesen …" In dem Stück tritt ein Hofmeister auf und spricht zu Sara (der Frau Abrahams): „Meine Frau macht mich glückselig, daß meine geringe Dienstleistung nicht verworffen wird." Dabei ist „Meine Frau" wohl die ehrerbietige Anrede des Hofmeisters für Sara. Die Dienstleistung ist hier offenbar eine persönliche Tätigkeit, die der Hofmeister erbringt. Das Wort Dienst ist mit der ‚Demut', der „dienenden Gesinnung" verwandt.[40] Das Wort spielt aber bis in die Neuzeit keine große Rolle, es wird bisweilen in Lexika im militärischen Kontext erwähnt: Dienstleistung ist „die Einstellung eines Offiziers in einen Truppenteil zur zeitweiligen Ausübung des Dienstes, z. B. Dienstleistung bei andern Waffen, Militärbehörden etc.[41] Erst in jüngster Zeit wird der Begriff Dienstleistungsgesellschaft zu einem Wort, mit dem Gesellschaften bezeichnet werden, in denen Dienstleistungen mehr Arbeitskräfte binden als Landwirtschaft und Industrie zusammen. Nun bläht sich der Begriff und wird allmählich ganz aus dem Kontext des persönlichen und unbezahlten Nachbarschaftskontext herausgenommen. Nun heißt es: „Eine Dienstleistung ist eine Tätigkeit, die ein Unternehmen oder eine Privatperson gegen Entgelt für andere ausübt. Im Gegensatz zu Gütern und Produkten handelt es sich bei der Dienstleistung wirtschaftswissenschaftlich betrachtet um ein immaterielles Gut."[42] So verstanden bieten Dienstleistungsunternehmen mehr und mehr bezahlte Leistungen an. Dazu gehören dann „beispielsweise Banken, Krankenhäuser, Telekommunikationsunternehmen, Versicherungen, Agenturen, Reiseveranstalter, Speditionen, Wäschereien, Abschleppdienste, Reinigungsunternehmen, Friseure oder Schlüsseldienste."[43]

Das ist nun offensichtlich eine wirtschaftswissenschaftlich verengte Auffassung von Dienstleistungen, in der die subsistenten und persönlichen Dienstleistungen verschwunden sind. In der Wahrnehmung der Bürgerinnen und Bürger werden alle diese Vorgänge, die früher durch ihr selbstverständliches Funktionieren charakterisiert waren, ob es die Post, die Bahn, das Telefon, der Kindergarten, der Hausarzt oder der Klempner war, kriselnde Angelegenheiten. Das funktionierte einmal im Wesentlichen. Heute ist das Grundgefühl: „Nichts funktioniert mehr." „Niemand macht noch seinen Job." „Wer arbeitet ist dumm." Und manchen beschleicht der Eindruck, dass wir uns damit dem Ende einer funktionierenden Gesellschaft nähern. Christian Girschner spitzt das in seinem Buch über die Dienstleistungsgesellschaft („eine fixe Idee") noch zu. Die Forderung nach Ausbau des Dienstleistungssektors sei ein Grundpfeiler der neoliberalen Politikoffensive. Keiner wisse wirklich zu sagen, was Dienstleistungen eigentlich seien, es sei im Grunde eine sozialwissenschaftliche Fiktion. Und er resümiert: Der Dienstleistungssektor sei im Kontext der Entwicklung der bürgerlichen Gesellschaft nicht gewachsen, sondern geschrumpft. Das stimmt, wenn man an die personengebundenen Dienste am anderen und für andere denkt.[44] Man erinnere sich an die Diskussion der 1970er und -80er Jahre. Da hieß es: Deutschland haben keine Bodenschätze, deshalb liege die Zukunft Deutschlands im Ausbau des Dienstleistungssektors. Tatsächlich hat Girschner in bestimmter Hinsicht recht. Gemeinschaftsorientierte Tätigkeiten, also Dienste am Nächsten, am Nachbarn, am Freund, an der Familie sind vielfach verschwunden. In der Tendenz ist fast alles, was da war, verdorrt. Alles wurde Schritt für Schritt ersetzbar durch die bezahlte professionelle Dienstleistung. Die Nachbarin braucht Unterstützung? Da kommt der Pflegedienst. Der Sohn kommt in der Schule nicht mit? Nachhilfedienste helfen bei Schulproblemen. Die Gartenarbeit ist eingestellt, weil im Supermarkt alles einfacher zu haben ist. Die Schuhe werden nicht zum Schuster gebracht, sondern es werden neue gekauft. Bei dem Wort ‚Dienstleistungen' darf man an den Amazonasurwald denken: Die Vielzahl der menschlichen, freundschaftlichen, nachbarschaftlichen und familialen Dienste verschwindet.

Es gab einmal – so muss man resümieren – eine lebendige vielfältige Dienstleistungsgesellschaft, die durch die Monokultur der bezahlten Dienstleistungen ersetzt worden ist. Und Girschner hat weiterhin recht, weil die Industrialisierung der Dienste am Anderen an ihre Grenzen geraten ist: Diese Industrialisierung der Nächstenliebe (um es mal ganz konventionell auszudrücken) scheitert gerade.

Die scheiternde professionelle und bezahlte Dienstleistung lässt Hoffnungen sprießen: Die Mauern der Hochrüstungs-Dienstleistung zerfallen zu Staub wie die Mauern Jerichos in sich zusammenbrachen. Es waren die Trompeten von Jericho, wie es im alttestamentlichen Buch Josua, Kap. 6, 4-20 heißt, deren Klang den Einsturz der Mauern Jerichos zur Folge hatte. „Am siebenten Tage aber sollt ihr siebenmal um die Stadt herumziehen, und die Priester sollen in die Posaunen stoßen. Und wenn man das Widderhorn bläst und ihr den Schall der Posaunen hört, so soll das ganze Volk ein lautes Feldgeschrei erheben; dann wird die Stadtmauer in sich zusammenstürzen." Ein verlockender Gedanke: Siebenmal ziehen die empörten Bürger um den BahnTower am Potsdamer Platz in Berlin und lassen die Posaunen erschallen; siebenmal ziehen die inflationsgeplagten Bürgerinnen um den Skytower der Europäischen Zentralbank und die Trompeten sind zu hören. Und siebenmal ziehen die Jungen um die Konzernzentrale der Vonovia SE, um nach bezahlbaren Wohnungen zu rufen: Das Feldgeschrei und die Posaunen würden natürlich nichts zum Einsturz bringen, aber sie würden die Aufmerksamkeit auf das Versagen der Konzerne im Angesicht der dringenden Wünsche des Volkes lenken.

Expertokratie

„Die Experten", so analysierte Ivan Illich schon vor Jahrzehnten, „konnten erst dann ihre dominierende Stellung erreichen und ihre entmündigende Funktion ausüben, als die Menschen bereit waren, tatsächlich als Mangel zu empfinden, was der Experte ihnen als Bedürfnis dekretiert."[45] Es lassen sich immer neue Bedürfnisse diagnostizieren, die dann nur durch spezialisierte Dienstleistungen befriedigt werden können. Erst entdecken die Spezialisten „Missstände", die sie als „Problem" erkennen, um dann eine neue Dienstleistungsware auf den Markt zu bringen, die Abhilfe schafft. Konstitutiv dafür ist, dass sie nur von Experten erbracht werden kann und dass sie kostet. „Die neuen Spezialisten kommen gern im Namen der Liebe daher und bieten irgendeine Form der Fürsorge an … Die Erzieher zum Beispiel schreiben der Gesellschaft heute vor, was gelernt werden soll, und erklären das, was früher außerhalb der Schule gelernt wurde als nichtig. Der Ernährungswissenschaftler schreibt die ‚richtige' Kost für den Säugling vor, der Psychiater verschreibt das ‚richtige' Antidepressivum, und der Schulmeister – mit inzwischen unumschränkter Erziehungsgewalt – fühlt sich berechtigt, seine Methode zwischen dich und alles, was du lernen willst, zu schieben … Die Ärzte hatten zwar immer bestimmt, was Krankheit ist und was nicht; heute aber bestimmt die dominierende Medizinzunft, welche Krankheiten die Gesellschaft tolerieren darf und welche nicht.“[46]

Die Dienstleistungsgesellschaft verleiht dem Experten eine geradezu hohepriesterliche Aura. Experten definieren Menschen zu Patienten oder Klienten, sie bestimmen die Bedürfnisse eines Menschen und versehen ihn mit einer Diagnose und dem dazugehörigen Rezept. Im Kern ruht die Dienstleistungsgesellschaft auf diesem Doppelschritt: Auf der entmündigenden Diagnose einerseits und dem damit freigesetzten unersättlichen Wachstum andererseits. Verschwunden ist die Gabe, in der sich ein Mensch ‚umsonst‘ einem anderen zuwendet und ihm zu Diensten ist. Ich höre gerade von einer jungen Mutter, die jeden Schritt im Umgang mit ihrem Baby bei Instagram in den einschlägigen Chatgruppen klärt. Offenbar traut sie ihren Gefühlen nicht und nicht den Erfahrungen der Mütter und Großmütter vor ihr. Die Dienstleistungsgesellschaft hat einen Prozess der kulturellen Verarmung in Gang gesetzt, der den finalen Triumph des Expertentums einläutet. André Gorz erzählt von einem Schuhputzer, „der eine Dienstleistung verkauft, die seine Kunden ebenso in weniger Zeit selbst hätten verrichten können als in der Zeit, die sie auf ihrem Thron gegenüber einem zu ihren Füßen zusammengekrümmten Menschen verbringen. Sie bezahlen ihn nicht für den Nutzen seiner Arbeit, sondern für das Vergnügen, dass sie dabei empfinden, sich bedienen zu lassen.“[47]

Die Macht der Institutionen, die wir geschaffen haben, ist so bestimmend, dass sie inzwischen nicht nur unsere Orientierungen formen, sondern sogar unseren Sinn für das Mögliche.

IVAN ILLICH[48]

Dienstleistungen sind so schädlich wie Kohle, Gas und Öl

Warum es so nicht mehr weitergeht

Die Preise steigen nicht

Ich hole jemanden am Flughafen in Frankfurt am Main ab. Ich möchte ein Wasser trinken. Da sind in der Wartehalle diese Shops, die Kamps, die Künkels, das Backwerk und wie sie alle heißen. Sie suggerieren Unterschiedlichkeit, haben aber doch hinter Glas alle die gleichen süßklebrigen Schnecken. Wasser soll ich mir aus dem Schrank nehmen. Will sagen: Der Kunde soll die Arbeit selbst machen. Die kleine Flasche kostet 4,50 Euro. Alt wie ich bin, sage ich mir den DM-Preis vor: 9 Mark für ein Glas Wasser. Wo bin ich? Na ja, am Flughafen. Auf der Raststätte an der A 5 ist das Wasser allerdings nicht viel billiger. Die Preise steigen eben. Aber das ist natürlich gar nicht wahr. Die Preise steigen nicht, sondern sie werden erhöht.[49]

Das Gefühl weist in die richtige Richtung. Das Gefühl nämlich: Alles wird teurer. Das Einkommen reicht nicht mehr. Wir sind geneigt, diese galoppierende Verteuerung wie ein Verhängnis hinzunehmen: die Inflation, die Rohstoffe, die Coronafolgen – der Weihnachtsmann kommt auch nicht mehr. Aber die Tatsache, dass ein Steak im Restaurant inzwischen 28 Euro kostet, ist – wenn ich in mein Portemonnaie schaue – eigentlich nicht mehr normal und es ist kein Verhängnis, sondern ein Skandal, dass wir, die Kunden, ausgenommen werden wie die Weihnachtsgänse. Die Dienstleistungsgesellschaft ist inzwischen so kostspielig geworden, dass die Zahl derer, die an ihr nicht mehr teilhaben können, wächst. Es gibt eine umfassende Kinderarmut in Deutschland und für die Durchschnittswitwe mit ihrer Durchschnittsrente ist ein Restaurantbesuch unmöglich geworden. Dienstleistungen sind nicht für die Habenichtse da.

Die Sprache des Kapitalismus ist eine Sprache der Verschleierung. Eine Kritik der Dienstleistungsgesellschaft wird deshalb offenlegen und aussprechen müssen, dass die Dienstleistung inzwischen zu einem Instrument des entfesselten Kapitalismus geworden ist. Das erleben wir am Bahnschalter, in der Boutique, im Supermarkt und im Restaurant. Reißen wir uns die Binde von den Augen: Es wird von grünem Wachstum gesprochen und von Technologieoffenheit: Uns wird eingeredet, dass es mit dem wirtschaftlichen Aufstieg immer so weiter gehen wird, weil der mit Umweltschutz angeblich Hand in Hand gehen kann.[50] Das ist selbstverständlich grüner Unfug, etwas für Wahlkampagnen und für schlafmützige WählerInnen. Noch sind es Kohle, Öl und Gas, an denen deutscher Wohlstand und warme Wohnungen hängen. Werden sie verschwinden? Wird es eine grüne Transformation geben? Um welchen Preis, den die Umwelt zahlt, werden die elektrischen Autos und die E-Bikes und die Wärmepumpen uns beglücken und ein gutes Gewissen verschaffen? Öl und Kohle und Gas sind als die Bösewichte im Visier, weil sie unsere Lebenswelt zu zerstören drohen. Es ist aber nicht zu übersehen, dass es mit den Dienstleistungen nicht anders ist: Sie zerstören unsere soziale Lebenswelt. Weil sie vereinzeln. Weil sie soziale Zusammenhänge überflüssig machen. Weil sie uns unmündig machen.

Die grüne Transformation der Gesellschaft ist schwungvoll im Gange. Unter dem Druck des Klimawandels ist manches durchsetzbar, was lange unmöglich schien. Selbst die Witwe mit kleiner Rente, die ihr Häuschen gerade abbezahlt hat, muss eine Wärmepumpe kaufen, wenn ihre Ölheizung nicht mehr läuft. Der Abschied von den fossilen Energien rückt näher. Das wird für viele teuer. Aber kaum einer wagt zu murren. Die „Letzte Generation“ klebte sich auf die Straße und nur cholerisch-uneinsichtige Autorfahrer wurden aggressiv. Das ganze Vorhaben ist aber auf einem Auge blind.

Es gibt keine grüne Transformation ohne sozialen Aufbruch

Wenn die grüne Transformation nicht von einer sozialen Transformation begleitet wird, wird sie nicht gelingen. Sie könnte dann in einer Sackgasse landen, die von den Betroffenen als Technodiktatur wahrgenommenen wird. Die Dienstleistungsgesellschaft, die uns ein versorgtes Leben von der Wiege bis zur Bahre versprochen hat, quietscht an allen Enden. Während wir noch unsere Häuser klimagerecht sanieren, bricht die stählerne Hülle der Sicherheitsgesellschaft. Die Dienstleistungsgesellschaft ist ebenso am Ende wie die Industriegesellschaft. Ihr fehlt das Personal an allen Ecken und Enden, die Kosten explodieren. Im Pflegebereich sowieso, aber eben auch im Transportwesen, im Krankenhaus, im Bildungsbereich: Es gibt nicht genug Lokomotivführer, es fehlen die ÄrztInnen auf dem Land und das Lehrpersonal in Schulen sowieso. Wer in letzter Zeit mal in einer Notfallambulanz gelandet ist, weiß, dass man da Stunden mit einer offenen Wunde sitzen kann. Mit Verblüffung hören wir, dass die Bundeswehr ebenso wenig funktioniert wie das Kreiskrankenhaus, obwohl das Militär und der Gesundheitsapparat Milliarden Euro in sich hineinfressen. Und nicht einmal das Bauen von dringend gebrauchten Wohnungen klappt. Das war doch die These: Deutschland muss eine Dienstleistungsgesellschaft werden, weil Deutschland keine Rohstoffe hat. Und damit scheitern wir grade. Was ist da los? Und wo ist der Notausgang? Vielleicht sind die bezahlten und professionellen Dienstleistungen so etwas wie die fossilen Brennstoffe einer überholten Dienstleistungsgesellschaft? Und die Dienstleistungen erschöpfen sich offenbar ebenso wie die fossilen Brennstoffe, werden zu teuer, zu knapp und sie sind gesellschaftsschädlich: Sie führen zu Kälte, Einsamkeit und Verbitterung.

Was nützt uns eigentlich die grüne Transformation, wenn wir schließlich nichts anderes mehr sind als Knotenpunkte in Netzwerken, überlastet, überbeansprucht, aber CO2 neutral? Die grüne Transformation ist immer mehr zu einem technogenen Projekt geworden, bei dem von den Gefühlen, den Erfahrungen, den Ängsten und den Hoffnungen nicht mehr die Rede ist. Das ist eine technophile Glocke, die auf uns herabgelassen wird, in der das E-Auto, die Nachhaltigkeitsbesessenheit, der getrennte Müll und die unterlassene Flugreise zum ökologischen Panzer der Menschen werden, bei der aber die Einsamkeit, die Kälte und der grüne Machbarkeitswahn die Menschen zu grüngestrichenen Ökorobotern machen. Die behagliche Gleichgültigkeit der Bürger, die sich als Klienten von Experten verstanden haben (Ivan Illich) weicht einer großen Enttäuschung: Es funktioniert nicht mehr.

Bleiben wir der Krise der Dienstleistungsgesellschaft auf der Spur. Sie ist zu einem Angriff auf die Mündigkeit der Menschen geworden, ihre

Kritik zum alltäglichen Gesprächsgegenstand. DIE ZEIT startet im März 2024 einen Aufruf: „Ihr Problem hätten wir gern – und Ihre Lösung" – so wird das Projekt angekündigt. „Manches läuft in Deutschland richtig schief. Schulgebäude schimmeln, Fahrradwege reißen auf, es mangelt an Wohnungen, schnellem Internet, Pflegekräften – und an Orten, an denen man ein freundliches Wort miteinander wechselt. Deshalb rufen wir Sie, liebe Leserinnen und Leser, in unserem neuen Projekt PlanD auf: Erzählen Sie uns, wo Deutschland in Ihrem Alltag nicht funktioniert. Wir wollen bei PlanD zeigen, wie vielen Menschen es ähnlich geht, wo die Probleme besonders groß sind – und wer schon eine Lösung gefunden hat."[51] Man wird gespannt sein dürfen, welchen Reim sich die Wochenzeitung auf das Phänomen macht. Während die große Klage über die große Krise öffentliche Resonanz bekommt, kriecht die Dienstleistungsgesellschaft, die in ihren Großstrukturen scheitert, heimlich still und leise, aber erfolgreich, in die privaten Ministrukturen des Lebens. Die privatesten Verhältnisse der Menschen werden dienstleistungsreif gemacht, werden ökonomisiert, algorithmisiert und der Berechnung zugeführt. Schauen Sie sich das an.

Whatsapp und die Liebe

Gerade habe ich eine Geschichte vernommen, die an meinen Armen eine Gänsehaut hervorgerufen hat. Jüngere Paare haben begonnen, ihre Taten in einer Zweier-WhatsApp-Gruppe gegeneinander (vielleicht auch miteinander?) aufzurechnen. Da wird notiert: Ich habe heute eingekauft, Du hast zwei Stunden auf das Kind aufgepasst. So werden Putzen, Bankgeschäfte, Kochen, Bettenbeziehen, Wäschewaschen, Fensterputzen in der Paarbeziehung aufgezeichnet und aufgerechnet. Sorgearbeit, so ist das Argument, sei immer noch ungerecht zwischen Männern und Frauen verteilt, gehe immer noch zu Lasten der Frauen. Das ist nicht zu bestreiten. Nun aber wird es möglich, den Bonsai-Machos ihre Privilegien vorzurechnen und die Privilegien endlich abzuschaffen. Die Konsequenz jedoch scheint zu sein, dass die Sorge zu einer Ministruktur der Dienstleistungsgesellschaft in der Lebenswelt von Paaren wird. Was die Verbreitung der Dienstleistungen im Großen erfolgreich vollbracht hat, nämlich, die Menschen zu unmündigen Verbrauchern von Dienstleistungswaren zu machen, das dringt jetzt in die Mikrostrukturen des Alltags ein. Jedes Paar wird eine kleine Dienstleistungseinheit. Die Beziehungen werden mathematisiert, der daraus zu berechnende Beziehungsalgorithmus wird nicht lange auf sich warten lassen. Freiwillig vollziehen Menschen das Verhängnis der Dienstleistungsgesellschaft an sich und machen ihren privaten Bereich zu einer kontrollierten Zone. Gleichzeitig frönt man der Erregung über das chinesische Modell einer überwachten und kontrollierten Gesellschaft, die jeden Bürger mit einem Punktekonto versieht, das sein Wohlverhalten oder sein gesellschaftliches Versagen spiegelt. Eine solche Kontrolle geht nun von den Paaren selbst aus und realisiert sich im Mikrokosmos der Beziehung. In China sorgt die allgegenwärtige Videoüberwachung dafür, dass Du Minuspunkte bekommst, wenn Du bei Rot über die Straße gehst. Hier stellen sich die Paare nun die rote Ampel im Schlafzimmer oder in der Küche auf und überwachen sich selbst. Es scheint so, als wenn Andrea Newerla mit ihrem Buch („Das Ende des Romantikdiktats") die soziale Basis für diesen Prozess liefert, der es erstens erlaubt, die romantische Liebe für überholt zu erklären und zweitens dann die Menschen in einen entromantisierten Paaralltag entlässt, der angesichts der Mühen des Alltags eine Sorgebuchhaltung nach sich zieht.[52] Bei Shakespeare fragt Julia ihren Romeo in den frühen Morgenstunden:

„Willst du schon gehen? Der Tag ist ja noch fern.
Es war die Nachtigall und nicht die Lerche,
Die eben jetzt dein banges Ohr durchdrang;
Sie singt des Nachts auf dem Granatbaum dort.
Glaub, Lieber, mir: es war die Nachtigall."

Doch Romeo muss gehen: „Nur Eile rettet mich, Verzug ist Tod."

Muss man sich wirklich eingestehen, dass solche romantische Liebe nur noch Vergangenheitsschrott ist, dass man sich stattdessen morgens, wenn die Lerche gesungen hat und der Job ruft, noch schnell beim Caffee Lattè den Kontostand bei WhatsApp zur Kenntnis gibt? Ist Liebe ein altmodischer Schnörkel, und ist die Sorge für den anderen eine egoistische Reminiszenz von Machos, die aus der Mode geraten sind? Erinnern wir uns an Ivan Ilichs (ach ja! auch ein Mann natürlich) Rede von der „Umsonstigkeit". Die postmoderne Gesellschaft ist ganz und gar von Zweckgerichtetheit getränkt. „Mit dieser zunehmenden Instrumentalisierung in der westlichen Gesellschaft geht der Mangel an Aufmerksamkeit einher für das, was man traditionell ‚umsonst' nannte. Gibt es ein anderes Wort für die zweckfreie Handlung, die eben nur getan wird, weil sie schön, gut und passend ist, aber nicht, weil man mit ihr etwas erreichen, errichten, verändern, verwalten will?"[53] Wenn die Umsonstigkeit verloren geht, dann reißt sie die Möglichkeit der Sorge mit sich in den Abgrund. Dann wird aus der Sorge erst die Sorgearbeit und dann die Dienstleistung. Es ist kaum denkbar, dass eine solche Verrechnung der Leistungen in der Beziehung zu etwas anderem als zu einer Beziehungs-Eishöhle führen kann. Aber vielleicht nicht einmal das? Vielleicht werden Beziehungen zu flüchtigen Abrechnungsbetrieben – wie zufällige Begegnungen auf dem Bahnhof?

Was diese WhatsApp-Geschichte zeigt, ist dies: Je deutlicher die Dienstleistungsgesellschaft als großes System scheitert, desto mehr scheint sich dieser Dinosaurier zu verzwergen und in die Mikrostrukturen des Beziehungsalltags zu kriechen. Nachdem die Dienstleistungsindustrie die Fähigkeiten der Menschen, für sich und andere zu sorgen, ruiniert hat, kann sie dieses Trümmerfeld räumen, um sich nun kannibalistisch den Mikrostrukturen zu nähern, damit auch dort die ‚umsonstige' Sorge zerstört wird.

Man kann gar nicht so schnell schreiben wie die Nachrichten über das Scheitern der Dienstleistungsgesellschaft täglich in den Laptop kriechen. Und gleichzeitig versucht diese Krake, sich in unseren privaten Beziehungen einzunisten – wenn's im Großen nicht mehr funktioniert, dann wenigstens in den Mikrostrukturen des freundschaftlichen Alltags. Es geht darum, jede private Umsonstigkeit zu vernichten. Es gibt die Mär vom Skorpion, der sich in verzweifelten Lagen selbst zu töten imstande sei. So lese ich diese Meldung aus dem ZEIT Magazin, Überschrift: Care-Arbeit. „Wer macht mehr im Haushalt? Finanzen, Kinder, Reparaturen: Ist die Care-Arbeit bei Ihnen zu Hause wirklich gerecht verteilt? Hier können Sie ausrechnen – und sich mit Ihrem Partner vergleichen."[54] Ein interessanter Aspekt. Während ich gerade im Zug sitze, der von einem Bahnhof zum nächsten Bahnhof Verspätungen einheimst, die sich schon wieder auf 80 Minuten kumulieren, während ich also wieder die Erfahrung mache, dass die Infrastruktur bröckelt, lese ich mit Erschrecken diese ZEIT-Mitteilung über Care-Arbeit: Im Privaten soll die Gleichberechtigung perfektioniert werden. Das vorgeschlagene Instrumentarium lässt jedoch Familie und Beziehung zum Dienstleistungsbetrieb mutieren. Das Ergebnis: Liebe und Freundschaft verenden im Punktevergleich und weichen einer perfektionierten, von Liebe befreiten Dienstleistung.

Schattenarbeit: der neueste Trick der Dienstleister

So eröffnet sich ein perfekter Blick auf das, was Ivan Illich Schattenarbeit genannt hat. Er spricht damit von einer Verschiebung der Gewichte in der Dienstleistungsgesellschaft. Immer mehr Tätigkeiten werden von den Dienstleistungs-"veranstaltern" auf die Kunden abgewälzt, die so den Dienstleistern Arbeit abzunehmen gezwungen werden. Ich muss meine Banküberweisung online selbst machen, mein Geld am Automaten mir selbst auszahlen, ich muss meine Bahnfahrkarte selbst erstellen und ausdrucken, im Supermarkt scanne ich meine Waren selbst, im Hotel hole ich mein Frühstück selbst vom Buffet, ich muss ständig versuchen, digital auf dem Laufenden zu bleiben. Gerade hat die Bahn wieder ihre Bankbedingungen für den Erwerb der Fahrkarte auf dem Handy geändert. Ich fange wieder von vorne an, diese Funktion einzurichten. In der telefonischen Warteschlange beim Steuerberater soll ich 1, 2, 3 oder 4 drücken, um diesen oder jenen Service zu erreichen. Hunderte unbezahlter Tätigkeiten sind uns inzwischen aufgeladen. Im Grunde ist die Produktion von Dienstleistungen zunehmend den Bürgerinnen und Bürgern zugeschustert worden, das erspart den Unternehmen oder dem Staat Kosten. Schattenarbeit eben. Ich kann ohne PKW all die Dienstleistungen, die auf mich abgewälzt sind, gar nicht erledigen. Gleichzeitig soll ich noch ein schlechtes Gewissen haben, weil ich es ja bin, der das Klima mit seinem PKW ruiniert, während der Versicherungsangestellte oder der Büroangestellte mir in aller Ruhe die nächsten Aufgaben zuschiebt. Wachstum und Profit sind die Grundlagen der Industriegesellschaft, um nicht zu sagen: des Kapitalismus. Aber wir stehen längst alle am Fließband und verrichten die Schattenarbeit, die uns einmal von anständigen Dienstleistern abgenommen wurde. Der Eindruck verstärkt sich, dass dieser Niedergang der Dienstleistungen auch daran erkennbar wird, dass mit dem Niedergang gleichzeitig vollständig entfesselte, geradezu modrig wirkende Prozesse in Gang gesetzt werden. Ein besonders dekadentes Beispiel scheint mir das Biathlon-Festival in Gelsenkirchen zu sein. Im Fußballstadion werden diese Wettbewerbe veranstaltet. Die gesamte Rasenfläche des Stadions kann durch eine überdimensionale Öffnung des Stadions (wie ein Haifischmaul?) rausgefahren werden Dann kommen gewaltige Mengen Kunstschnee in die Halle. Da der Wettbewerb nach Weihnachten stattfindet, werden abgetakelte Tannenbäume (Fichten natürlich) gesammelt, die dann dekorativ in den Kunstschnee gesteckt werden, Eine totale Kunstkulisse, man wundert sich, dass die Athleten noch nicht durch Avatare ersetzt sind. Aber das wird nicht lange auf sich warten lassen. Es ist das völlige Verschwinden dessen, was einmal Skisport war, in einer Plastikwelt. Eine unfassbare Steigerung dessen, was der Film „Trumanshow“ (1998) zum Thema hatte. Truman Burbank ist der Hauptdarsteller in einer Fernsehserie. Er lebt in Seahaven, das ist eine Kunststadt unter einer gigantischen Kuppel, eine Kleinstadt im Stile der 1950er Jahre mit kontrollierbarem Wetter, künstlichem Sternenhimmel und vielen Schauspielern. Heute kann man das in Gelsenkirchen haben … Die Welt ist in der Trumanshow bereits zu dem geworden, was sie gerade werden soll: Wir leben wie in einer Schneekugel.

Was geschieht da mit uns? Wir sind zu Geiseln einer Veranstaltung geworden, die das Leben aussperren soll und uns zu Automaten machen will. Ein österreichischer Bauer und ehemaliger Politiker der Grünen, Kaspanaze Simma, hat mir erklärt, was da passiert. Seit Jahrzehnten investieren wir in eine Infrastruktur, die immer weniger handhabbar ist, die immer teurer wird, die immer reparaturanfälliger und angreifbarer wird. Sie dient immer weniger den Menschen. Manche verdienen aber wie verrückt daran, indem sie Autobahnen bauen oder Brücken, indem sie Pipelines in den Meeren versenken und digitale Netze ausbauen, deren Nutzen für die Menschen immer fraglicher wird. Ob es landwirtschaftliche Flächen sind oder Hochhäuser: Sie werden immer teurer, größer, brauchen riesige Maschinen, unendlich viel Geld und Materialien und sie schaffen

Reichtum für wenige, aber Umweltschäden für viele. Wer von den landwirtschaftlichen Produkten der Giganten lebt, riskiert, sich zu vergiften und wer in den Betonzellen im 17. Stock lebt, riskiert die Vergiftung der Seele. Wer diese Megamaschinen kritisiert, wird als Romantiker abserviert. Aber manchmal gibt es kritische Lichtblicke.

Dienstleistung extrem: Lebensendplanung

Schauen wir uns noch einen weiteren Trend an, bei dem die Dienstleistungsidee in privateste und intimste Bereiche des Lebens einwandert, um dort ihr Unwesen zu entfalten. In den industrialisierten Gesellschaften ist zu beobachten, dass der letzte Lebensabschnitt, das Sterben, zu einem Akt dienstleistungsgestützter Projektplanung wird. In Japan ist dieser Prozess besonders weit vorangeschritten. „Selbstoptimierung bis in den Tod" heißt das Buch, das Dorothea Mladenova geschrieben hat. Es geht um die „aktive Lebensendplanung in Japan".[55] Das hohe Alter wird auch in Japan als ‚Problemalter' gesehen, charakterisiert durch eine abnehmende Bereitschaft, sich umeinander zu kümmern. Von der bindungslosen Gesellschaft (muen shakai) ist in Japan die Rede. Das japanische Sozialsystem hat bereits in den siebziger Jahren Prinzipien wie Autonomie, Selbsthilfe und Selbstverantwortung zur Maxime erhoben. Individuen werden nicht als Empfänger von Sozialleistungen gesehen, sondern als selbstbestimmt wählende Konsumsubjekte. „Dieses Verständnis soll durch die Schaffung einer allumfassenden Lebensendindustrie auch auf das Bestattungswesen ausgeweitet und Bestattungen damit als Konsumentscheidungen ‚wie jede andere' verstanden werden."[56] Selbstoptimierungs-Praktiken boomen in Japan und ‚Shūkatsu' gehört dazu. Shukatsu heisst in etwa "Lebensend-Aktivität" und ist eine in Japan verbreitete Befassung mit der Endphase des Lebens. Man könnte sagen: Dienstleistung bis ins Krematorium.

Sind wir in Deutschland auf einem ähnlichen Weg? Dem Weg zur Verdienstleistung des Sterbens? Es lohnt sich, dem Begriff „Kommunikation" als einem Leitfossil zu folgen, das die Umwandlung der lebendigen Sorge in eine tote Dienstleistung anzeigt.[57]

Frau T. ist 89 Jahre alt, munter und streitbar. Sie hat in Niedersachsen den ersten Hospizverein gegründet, das war in den 1980er Jahren. „Wir haben kein Konzept gehabt, wir haben kein Geld gehabt und es gab keine

Bürokratie", sagt sie. In einem leerstehenden Zimmer ihres Hauses hat sie ein informelles stationäres Hospiz eingerichtet: Wenn jemand ambulant nicht mehr zu umsorgen war, wurde dieser Mensch dorthin geholt. Es sind die Sternstunden des Anfangs, von denen Frau T. erzählt. Inzwischen ist aus diesen Anfängen eine hospizliche Institution entstanden, die immer mehr Züge einer professionellen und ökonomisierten Dienstleistung aufweist. Sterbebegleitung ist zu einer Angelegenheit geworden, die nach und nach zu einer Unterabteilung der Gesundheitsversorgung wurde. Frau T. erzählt von lebendiger Zuwendung, von ehrenamtlichem Engagement, ‚vom Zauber, der jedem Anfang innewohnt'. In diesem vom Gelingen und vom Scheitern durchzogenen hospizlichen Frühling hat man miteinander geredet, gestritten, gezweifelt, gehofft: Aber niemand hat von ‚Kommunikation' gesprochen.[58] Im Prozess der Verdienstleistung der Hospizbewegung tritt der Begriff der Kommunikation, dem seine alten religiösen Wurzeln abgeschnitten wurden, als ein Apparat auf, mit dem die Austauschprozesse zwischen Betroffenen, Pflegenden, Angehörigen, Administrierenden beschrieben und erfasst werden.

Der Weg von Frau T. zu dem heute von Paragraphen, Finanzplänen, Dokumentationen, Standardisierungen und Qualitätskontrollen geprägten Hospizbetrieb ist der Weg von erprobter und riskanter Gemeinschaft in ein Feld, das Kommunikation zu einem Betriebsmittel macht. Kommunikation ist das, was die Beteiligten wie einen Schmierstoff absondern sollen, der das störanfällige Unternehmen „Hospiz" am Laufen hält. In diesem Sinne ist Kommunikation zumindest in der Gefahr, ein Plastikwort zu werden. Von Plastikwörtern hat Uwe Pörksen dann gesprochen, wenn undefinierbare, bedeutungslose Füllwörter benutzt werden.[59] Plastikwörter sind universell, sie haben keinen Geschmack, sie sind bodenlos, körperlos und nichtssagend. Der Begriff der Kommunikation, der von seinen gemeinschaftsbezogenen Wurzeln abgeschnitten ist, schließt zumindest die Gefahr ein, als ein Instrument daherzukommen, das wie eine dunkle Wolke über den Köpfen und Körpern der Menschen schwebt und im Zweifelsfall eine von Algorithmen organisierte Steuerung von Menschen vorbereitet. Kommunikation, die als Technik verstanden wird, oder als einsetzbares Mittel, kann dazu beitragen, dass der Sinn für das Mögliche (Illich), der Sinn für Alternativen verlorengeht. Kommunikation dient dann nicht der Befreiung, sondern der Einschließung der Menschen in das, was Gewohnheit geworden ist.

Die Geschichte von Frau T. kann abgetan werden als das, was unmöglich geworden ist – Nachhall einer untergegangenen Welt. Die Geschichte kann aber auch als Erinnerung begriffen werden. Die Gärten, in denen die Menschen ihre Nahrung gesät und gezogen haben, sind einer industriellen Landwirtschaft gewichen, die uns auf den Kauf des Lebensnotwendigen im Supermarkt festlegt. Monokultur statt Vielfalt. In der Begleitung Pflegebedürftiger, Hilfsbedürftiger oder Sterbender beginnt sich eine dienstleistungsorientierte Instrumentalität durchzusetzen, die die alte, subsistente Vielfalt zum Verschwinden bringt: Liefern wir uns damit einer Monokultur des Helfens aus?

Man erinnere sich: Sterben und Tod hatten lange Zeit eine lokale Prägung. Jedes Dorf, jede soziale Landschaft hatte ihre Weise des Umgangs mit dem Lebensende. Es gab Tausende von Riten und Bräuchen, die ihren je eigenen lokalen Geschmack hatten. Dann veränderte sich etwas. Das Sterben hat sich in den 1970er Jahren mehr und mehr aus der Familie in Kliniken verlagert. Dort starben in den mit dem Thema Sterben überforderten Krankenhäusern viele in Abstellkammern, alleingelassen von ratlosem Pflegepersonal. Das Krankenhaus war auf Heilung und nicht auf Sterben hin orientiert. Die Hospizbewegung kam in dieser Situation auf den Weg als eine große, vor allem von Frauen getragene Initiative, die der neuen Heimatlosigkeit des Sterbens eine Zuflucht bieten wollte.

Heute wird die hospizliche Versorgung immer flächendeckender und perfekter. Advanced Care Planning – ACP – verbreitet sich mit Geschwindigkeit. Das ist ein Fragebogen, mit dem die mutmaßlichen Versorgungswünsche Sterbender erhoben und in Algorithmen umgewandelt werden, die dann das Handeln des Fachpersonals leiten. Das kann man in Sydney ebenso machen wie in Frankfurt am Main. Das wird auch mehr und mehr nebenbei und auf leisen Sohlen zu einem guten Geschäft. Ergänzt wird dieses Sterbepaket inzwischen durch den assistierten Suizid, der angeboten wird und auf Nachfrage stößt. Man könnte sagen: So sehr Dienstleistungsangebote im Alltag bröckeln und scheitern, so sehr können wir uns darauf verlassen, dass jeder dem Exitus sorgenfrei entgegenschauen kann. Sterben war gestern, perfekter Abgang ist heute.

Demgegenüber ist an der Geschichte von Frau T. festzuhalten. Diese Geschichte (und Frau T.) muss damit rechnen, als romantisch abgetan zu werden. Aber da klammern wir uns am besten an Novalis, den Romantiker schlechthin. Der hat gesagt: „Die Welt muß romantisirt werden." Das war seine Zukunftshoffnung. Und er fährt fort: „Indem ich dem Gemeinen einen hohen Sinn, dem Gewöhnlichen ein geheimnißvolles Ansehn, dem Bekannten die Würde des Unbekannten, dem Endlichen einen unendlichen Schein gebe so romantisire ich es."[60] Kann „Kommunikation" hilfreich sein bei dem Versuch, ‚dem gemeinen einen hohen Sinn zu geben'? Oder macht sie uns zu Knotenpunkten in digitalen Netzen, in denen wir vor uns hin flackern wie ein Birnchen an der weihnachtlichen Lichterkette? Die krisenhafte Zukunft, die vor uns liegt, wird hoffentlich die Sehnsucht nach unverstellter Nähe wachsen lassen und Kommunikationskonzepte alt aussehen lassen.

Gerald und der Notruf

Gerald schaute aus dem Fenster seines Büros und sah plötzlich eine Frau, die im Begriff war, von der Brücke zu springen. Sie stand schon schwankend an der Brückenkante. Unter ihr der reißende Fluss und hinter ihr dichter Autoverkehr. Gerald erstarrte. Was tun? Er war offenbar der Einzige, der die Frau bemerkt hatte. Er raffte sich auf und wählte die Notfallnummer. Würde die Polizei oder die Ambulanz schnell genug sein? Und was würde die Frau tun, wenn sie die Sirenen der Polizei hören würde?

Während er noch die Notfallnummer wählte, sah Gerald, wie ein Bus langsam um die Ecke kam und auf die Brücke fuhr. Der Bus rollte am Rand der rechten Straßenspur entlang. Während sich der Bus der Frau näherte, öffnete sich die vordere Bustür und Gerald sah, wie sich der Busfahrer in einer einzigen fließenden Bewegung aus der offenen Tür hinauslehnte, den Arm der Frau von hinten ergriff und sie in den Bus zog.

Gerald begann über das, was er gesehen hatte, nachzudenken. Er selbst hatte im Angesicht dieser lebensbedrohlichen Situation versucht, den Rettungsapparat zu mobilisieren, der auf solche Situationen vorbereitet ist. Das ist es, was wir zu tun gelernt haben: Rückgriff auf die formelle Kommunikation. Aber der Busfahrer hatte völlig anders reagiert. Er hatte keinen Polizisten herbeigewinkt oder die Notfallnummer gewählt. Er hatte die Situation erfasst und die Frau in den Bus gezogen. Gerald fragte sich, warum er nicht schnell die Treppe hinuntergelaufen war, um die Straße zu überqueren und das zu tun, was der Busfahrer gemacht hatte.[61]

Die Geschichte beschreibt, was uns blüht. Wir verlassen uns immer weniger auf den Nächsten und werden immer abhängiger von professionellen Dienstleistungen. Das Lebensende ist dafür ein dramatisches Beispiel. Solange wir zurückdenken können, ist das Sterben eines Menschen von seinem Clan, von den Freunden, von Nachbarn oder von der Familie begleitet gewesen. Das war schön oder schrecklich, zugewandt oder nicht. Als meine Großmutter 1956 einen Schlaganfall bekam, haben meine Mutter und ich als kleiner Junge versucht, sie mit Tee zu versorgen, was nur teilweise gelang. Niemand wäre auf die Idee gekommen, einen Arzt zu rufen. Heute wäre das ein Fall unterlassener Hilfeleistung. Spätestens mit den siebziger Jahren hat ein Prozess der Institutionalisierung des Sterbens begonnen, der inzwischen dazu geführt hat, dass 80 Prozent der Menschen in Deutschland ihr Leben in Einrichtungen beenden (Krankenhaus, Pflegeheim, wenige im Hospiz). Sterbedienstleister haben die „community“ abgelöst. An die Stelle der Gemeinschaft tritt ein Team, das mit professioneller Kommunikation ausgerüstet ist. Neben der Institutionalisierung sind zwei weitere Faktoren hinzugekommen, die das Lebensende mehr und mehr zu einer Angelegenheit für kommunikationsorientierte Experten gemacht haben: die Medikalisierung des Lebensendes und die Ökonomisierung des Sterbens. Es ist noch nicht lange her, dass im Angesicht des Todes nicht die Anwesenheit des medizinischen Experten, sondern die des Priesters gefordert war. Und neu ist, dass Sterben zu einer kostspieligen Angelegenheit geworden ist: Zur Institutionalisierung und Medikalisierung des Lebensendes tritt die Ökonomisierung als dritter Faktor hinzu. Krankenkassen klagen darüber, dass das Lebensende inzwischen der für sie teuerste Abschnitt geworden ist. Dieser institutionalisierte, medizinisch begleitete und kostspielige Sterbende braucht Kommunikation. Kommunikation wird ein palliatives Instrument – etwa so wie die Schmerztherapie oder die basale Stimulation oder, oder …

Karl und der Abbruch der Kommunikation

Karl sitzt an einem Tisch im Altenpflegeheim A. in Wiesbaden. Er trinkt Kaffee, er isst ein Stück Kuchen. Sein Schwiegersohn, der hier im Heim arbeitet, begrüßt ihn, legt ihm die Hand auf die Schulter. Von Karl keine Reaktion. Kein Erkennen, kein Gruß, nicht mal ein Kopfnicken. Karl lebt in der beschützenden Abteilung des Heims, er kann nicht raus, die Türen sind zu seinem Schutz verschlossen. Seine Demenz ist weit vorangeschritten. Lebt er in seiner eigenen Welt? Oder ist das hier ein leerer Körper, dem jeder Bezug zur Welt und zu sich selbst verlorengegangen ist?

Du arme Seele, Inhalt sünd'ger Hülle,
gelenkt von wilder Sinne Rebellion,
wie ist's bei innerm Hunger doch dein Wille,
nach Prunk zu streben, Schein und Außenlohn?
Wozu der Aufwand bei so kurzer Miete,
der reiche Zierrat für ein morsches Haus?

Shakespeares Sonett 146 kennt Karl nicht mehr, wenn er es überhaupt je gekannt hat. Was sehe ich hier an diesem Tisch sitzen? Eine arme Seele? Ein morsches Haus? „Sei reich im Innern, arm am äußern Teil", heißt es wenige Zeilen später in Shakespeares Sonett. Beim Anblick von Karl zweifle ich am „reich im Innern". Was ich hier sehe, das ist jedenfalls der vollständige Beziehungsabbruch zur Welt. Null Kommunikation.

„Man kann den Körper nicht geringschätzen und gleichzeitig die Seele wertschätzen", das hat Wendell Berry gesagt. Der ist 1934 geboren und gilt als Vordenker der amerikanischen Ökologiebewegung. „Unseren jungen Menschen wird das Ideal der Gesundheit nur durch das, was sie als Lippenbekenntnisse kennen, angeboten. Der Maßstab, der ihnen aufgezwungen wird, ist die exklusive Attraktivität eines bestimmten physischen Modell-Typs. Jungen Frauen wird beigebracht, langbeinig, schlank, vollbusig und mit gelocktem Haar unaufdringlich schön sein zu wollen. Jungen Männern wird beigebracht, ‚athletisch', groß, aber nicht zu groß, breitschultrig, schmalhüftig mit großem Brustkorb, kantigem Kinn, gerader Nase und ohne Haarausfall unaufdringlich gutaussehend sein zu wollen."[62] Man verbringt sein Leben damit, die vermeintlichen Defizite durch Garderobe oder Make-Up zu kaschieren. Diesem von Wendell Berry beschriebenen Modetypus entspricht eine Sprache, die immer mehr Müllcharakter annimmt. Der Sprachmüll, der aus vorgestanzten Floskeln besteht, schafft das Gefühl, up to date zu sein, verdeckt aber nur Empathielosigkeit und Kälte. Die Gefahr, die im Gebrauch des Begriffes Kommunikation besteht, liegt darin, dass unablässiges Geplapper herrscht, das die Tatsache verbirgt, dass nichts gesagt wird. Zu diesem Typus des modernen Menschen gehört die „Kommunikation". Nirgendwo kann das besser beobachtet werden als bei PolitikerInnen-Interviews, die nur zu oft darin bestehen, viel zu sagen, aber auf die gestellte Frage nicht zu antworten. (Zu dieser Kernkompetenz gelangt man durch Schulungen, in denen gelernt wird, auf Fragen so zu antworten, dass die Antwort ausweichend bleibt, aber ‚positiv rüberkommt'. Ein verbreiteter Kommunikationsmissbrauch.)

Kommunikationshalden

Der Sprache droht allenthalben Missbrauch, wo sie ihrer Lebendigkeit und ihrer körperlichen Wurzeln beraubt wird. Wo von Kommunikation gesprochen wird, droht diese Gefahr. In diesem Buch ist der Kampf darum spürbar, Kommunikation nicht zu einem Werkzeug des technogenen Milieus werden zu lassen, einem Werkzeug, das Sprache der Vermüllung preisgibt. Manchmal beschleicht mich die Vorstellung, dass die wachsende Zahl von Menschen mit Demenz im Angesicht einer Kommunikation resigniert, die mit leeren Worthülsen um sich wirft. „Ich spreche mit Dir, aber ich kommuniziere nicht." So hat es in etwa Ivan Illich mal in einem Gespräch gesagt.

Manchmal stelle ich mir vor, dass das, was die Menschen mit Demenz vergessen, gar nicht verschwindet, sondern auf großen Müllbergen abgelagert wird. Jeden Tag kommen auf diese imaginären Kommunikationshalden imaginäre Lastwagen, bringen die verlorenen Erinnerungen und laden sie ab: Das Gesicht der Tochter, die Streitereien mit dem Ehemann, das weiße Brautkleid, die Küchenrezepte, den Trog, in dem die Wäsche gekocht wurde, das Licht einer Mondnacht, den ersten Kuss, den blauen

Kinderroller, den Vater in seinem schwarzen Sonntagsanzug, das Brotmeser aus dem Küchenschrank, den Gipsverband vom Armbruch, die Liebesbriefe in einem verschnürten Paket. Alles eben, was bei denen, die wir demenzkrank nennen, allmählich versinkt und verschwindet. Der Lastwagen kippt die Erinnerungen auf dem Erinnerungsberg ab, der sich immer höher türmt. Sie verrotten nicht, die Erinnerungen, sondern warten vergeblich darauf, wieder abgeholt zu werden. Oder vielleicht verrotten die vergessenen Erinnerungen doch und werden zu Kommunikationspulver, das recycelt werden kann? Die Griechen waren sich ganz sicher, dass Erinnerungen nicht verlorengehen. Bevor die Menschen das Totenreich betreten, trinken sie aus dem Fluss Lethe, damit sie alles vergessen und ihr irdisches Leben abstreifen. Alle mit Lethes Wassern abgestreiften Erinnerungen werden vom Fluss weggetragen und an einen Ort gebracht, der Mnemosyne heisst, das ist das griechische Wort für Erinnerung. Mnemosyne ist eine Quelle. Diese Quelle sprudelt und wirbelt feinen Sand auf – dieser Sand, das sind die Erinnerungen, die im Fluss des Vergessens aufbewahrt wurden. An dieser Quelle sitzen die Dichter, die die Erinnerungen der Toten, die sie nicht mehr brauchen, aufnehmen und sie bringen die Erinnerungen zurück zu den Lebenden. Wenn Kommunikation tatsächlich ein Kreislauf wäre und alle unsere nachdenklichen und unsere oberflächlichen Worte aufbewahrt wären und in die Welt zurückkehren würden, was würde das bedeuten? Würde ich dann nicht jedes Körnchen Kommunikation auf die Goldwaage legen, bevor ich es in die Wirklichkeit entlassen würde? Und würde ich mich davor hüten, Sprache mit kommunikativen Plastikteilchen zu verunreinigen, um den Lethefluss nicht so zu verschmutzen wie unsere Meere und Flüsse verschmutzt sind?

Der Frosch und die Gastfreundschaft

„Noch der Baum, der blüht, lügt in dem Augenblick, in welchem man sein Blühen ohne den Schatten des Entsetzens wahrnimmt“ – dieser Satz Theodor W. Adornos hat mich oft erschreckt und geärgert.[63] Und doch spricht er eine schmerzliche Wahrheit aus, gerade in diesem Frühjahr 2024. Die Blüten der wilden und gezähmten Bäume sind früh aufgegangen. Die riesige Mirabelle, die über und über mit Blüten bedeckt ist, wirkt, als wäre sie in weißen Schaum gehüllt – sie steht vor dem blauen

Himmel, links und rechts von ihr Büsche in zartestem Grün und über ihr Fetzen von weißen Wolkenfahnen. Aber hinter der weißbedeckten Mirabelle tauchen unweigerlich vor dem inneren Auge die Bilder von zerbombten Häuserzeilen in Gaza und der Ukraine auf. Der Baum, der blüht, lügt in dem Augenblick, in welchem man sein Blühen ohne den Schatten des Entsetzens wahrnimmt. Das Entsetzen ist da.

Dass die Natur und die Freundschaft – um nur diese zwei Schönen zu benennen – unser Leben erfüllen und retten, ist uns in hellen Augenblicken bewusst. Dass sie gefährdet sind, wissen wir auch. Aber ist es nicht gerade die Fragilität, die den blühenden Baum jetzt im Frühling so besonders schön macht? Es ist das Gespräch mit dem Freund in einem Café, das mich mit pulsierendem Leben erfüllt – gerade, weil die Schatten von Krieg und Katastrophe über dem Tisch hängen und die Fragilität fühlbar machen. Die Frösche verschwinden und das Eis auf dem Kilimandscharo schmilzt unwiderruflich. „Ebenso wie Frösche überall auf der Welt verschwinden, so verschwindet auch Gastfreundschaft. Aber das macht den einzelnen Frosch oder den Akt der Gastfreundschaft um so kostbarer und es geht darum, den Frosch oder die Gastfreundschaft im eigenen Garten hinter dem Haus zu retten, wie unwahrscheinlich sich auch immer das Überleben der Frösche oder der Gastfreundschaft in internationalen Statistiken ausnimmt." So hat es der amerikanische Therapeut David B. Schwartz beschrieben.[64]

Je deutlicher die Dienstleistungsgesellschaft in ihren Großstrukturen scheitert, desto wichtiger wird die Frage, wie wir in den kleinen Strukturen des Alltags mit dieser Krise umgehen – mit dem Frosch und mit der Gastfreundschaft. Und je näher wir dem Ende des fossilen Zeitalters entgegengehen, desto besser müssen wir auch alle lernen, uns von der Krake der allgegenwärtigen Dienstleistung zu emanzipieren.

„Die S4 fällt heute aus wegen Personalmangels"

HR-INFO AM 14.3.2024 ÜBER DIE FRANKFURTER S-BAHNLINIE.

Symptomträger des Zerfalls

Verweigerer als Seismografen der Krise

Ist die Dienstleistungsgesellschaft am Ende?

Manuela tritt einen neuen Job an, sie wird in kurzer Zeit verbeamtet, sie verdient gut, sie ist gesichert. Und genau in diesem Augenblick bricht sie alle Beziehungen zum Freundeskreis ab. Sie hält Verabredungen nicht ein, sie geht nicht ans Telefon, sie vergisst einen wichtigen Vortrag. Manuela war immer die Freundlichkeit und Zugewandtheit in Person. Das ist über Nacht verschwunden. Ist sie ausgebrannt? Verzweifelt? Sprachlos? Drehen wir die Perspektive um: Kann sie uns eine Lehrerin sein? „Glücklich der, der ein Symptom hat", sagte Erich Fromm.[65] Normalerweise ertragen wir den Wahnsinn unseres Alltags klaglos – angepasst. Wie Roboter funktionieren wir. Wir nehmen schmerzlos die unübersehbare Sinnlosigkeit, die zunehmende Hektik, den steigenden Druck hin. Und machen stur weiter, wie ein Esel, der um den Brunnen getrieben wird, um so das Wasser zu schöpfen. Diesen Brunnen-Eseln wurden ja oft die Augen verbunden, um jede Rebellion im Keim zu ersticken. Eine solche Binde tragen wir, tragen viele, haben sie akzeptiert und bemerken sie nicht mehr: in der Schule, die das Leben systematisch von uns fernhält; im Büro, wo wir Formulare ausfüllen, deren Sinn niemand mehr kennt; in Fabriken, in denen nur zu oft sinnloser Konsumramsch produziert wird. Überall sind uns die Augen verbunden. Erich Fromm meinte: „Die Gesunden sind die Kranken."[66] Insofern ist Manuela, die mit einem Mal stehenbleibt und nicht mehr weiter im Kreis gehen will, diejenige, die noch „bei Sinnen" ist. In den vergangenen Jahrzehnten haben die Menschen vorwiegend funktioniert. Das hat uns Wohlstand und Abstumpfung zugleich gebracht. Aber plötzlich bricht das ab, der Esel mit den verbundenen Augen bleibt von jetzt auf gleich stehen. Die Kranken, die Ausgebrannten, die Paniker, die Depressiven werden immer mehr – manchmal kann man sich fragen, ob sie im Begriff sind, die Gesellschaft zu übernehmen. Schaut man zurück, dann wird sichtbar, dass es immer großer Anstrengungen bedurfte, um die für das Funktionieren erforderliche Disziplin aufrechtzuerhalten. Außenseiter wurden eingesperrt, ausgesperrt, unschädlich gemacht. Michel Foucault hat die Disziplinierung und Normalisierung der Menschen durch das „Kerkersystem" beschrieben. Das Kerkersystem wurde in der modernen Gesellschaft „das große Fundament der Normalisierungsmacht". Abweichler wurden eingesperrt und die Haft wurde zu einer „ausgeklügelten Technik zur Modifikation der Individuen".[67] Es entsteht eine Welt der „Einrichtungen", der Dienstleistungen, die die Individuen zähmen und disziplinieren sollen. „Unsere Wohlfahrtseinrichtungen" – so heißt es bei Moreau de Jonnés im 19. Jahrhundert – „bilden ein wunderbar abgestimmtes Ganzes, das den Bedürftigen von der Wiege bis zur Bahre nicht einen Augenblick ohne Unterstützung läßt. Geboren wird der Unglückliche unter den Findelkindern; er kommt in die Kleinkinderbewahranstalt und von da ins Asyl; von da kommt er mit sechs Jahren in die Grundschule und später in die Erwachsenenschule. Wenn er nicht arbeiten kann, wird er von den Wohltätigkeitsbüros seines Bezirks aufgenommen; wenn er krank wird, kann er zwischen zwölf Spitälern wählen… Wenn der arme Pariser schließlich das Ende seiner Karriere erreicht, warten sieben Heime auf sein Alter; das gesunde Leben im Altersheim verlängert seine unnützen Tage häufig weit über die des Reichen hinaus."[68] Der Biografie dieses beschriebenen Findelkindes hat sich unser Leben verdächtig angenähert: Kinderkrippe, Kindertagesstätte, Grundschule, weiterführende Schulen, Universität oder Fachschule, Büro oder Werkstatt, Heim und Hospiz … Ein Leben, verbracht in Institutionen. Michel Foucault beschreibt die Modernisierung dieses Kontrollapparates: „In dem Maße, indem die Medizin, die Psychologie, die Erziehung, die Fürsorge, die Sozialarbeit immer mehr Kontroll- und Sanktionsgewalten übernehmen, kann sich der Justizapparat seinerseits zunehmend medizinisieren, psychologisieren, pädagogisieren."[69] Der Kontroll- und Disziplinierungsapparat wird ‚soft' – heute müsste man Foucaults Aufzählung wohl noch durch die Dimension der „Digitalisierung" ergänzen. Die Möglichkeit zur Überwachung der Bürgerinnen und Bürger durch Staat und Kommerz wird total, vielleicht sogar totalitär – von der elektronischen Gesundheitskarte bis zur Speicherung unserer Navi-Google-Bewegungsdaten. Foucault beschreibt, wie sich die

„Kerkerstadt“ modernisiert: Disziplinierung und Normalisierung werden nicht mehr durch Ketten und Strafen realisiert, sondern „die hinterhältigen Menschlichkeiten, die uneingestandenen Bosheiten, die kleinlichen Listen, die sorgfältig kalkulierten Techniken, die ‚Wissenschaften‘“ formieren das moderne Individuum.[70] Die „Einkerkerung“ des Individuums in seine modernen Dienstleistungssysteme wird immer flexibler, immer therapeutischer, immer raffinierter. Foucault schließt seine Darstellung der Geburt des Gefängnisses und dessen ‚Humanisierung‘ mit einem rätselhaften Satz: „In dieser Humanität ist das Donnergrollen der Schlacht nicht zu überhören.“[71] Es liegt heute nahe, diesen Satz so zu verstehen: Die Entwicklung hat uns von dem die Disziplin garantierenden Kerkersystem in die spendable und süchtig machende Dienstleistungsgesellschaft geführt. Und das Donnergrollen der Schlacht, das wir hören, lässt uns den Zusammenbruch dieser Dienstleistungsgesellschaft vernehmen, die nicht mehr richtig funktioniert. Der Apparat der Normalisierung und Disziplinierung ist perfekter denn je, aber er greift nicht mehr. Die Individuen rebellieren nicht einmal mehr gegen ihn. Der Apparat greift zunehmend ins Leere. Die Individuen sind weg: krank, unmotiviert, lustlos, störrisch. Sie haben die Bettdecke über den Kopf gezogen und murmeln unter der Bettdecke: „Ich kann nicht mehr!“. Der Sturm auf die Bastille der Dienstleistungsgesellschaft findet nicht statt. Die Türen stehen einfach offen und niemand ist mehr drin. „Wenn die Bakairi mit ihrem Häuptling unzufrieden sind, verlassen sie das Dorf und bitten ihn, doch allein zu regieren,“ schreibt Elias Canetti in seinen Aphorismen.[72]

Die Enttäuschten sind wichtig

Immer mehr Menschen scheinen zu Bakairis zu werden. Bei der Bundestagswahl 2021 gingen mehr als 14 Millionen Menschen nicht zur Wahl. Das sind nicht nur die Leute mit geringem Einkommen und niedrigem Bildungsstand. Es sind Menschen aus der „Mitte“, von denen immer häufiger zu hören ist: „Ich gehe nicht wählen.“ Ein Vertrauensdefizit schimmert durch, „das sich angefangen bei Corona über die Krisen unserer Zeit, zu einem fundamentalen Misstrauensvotum gegen Demokratie und Rechtsstaat ausgewachsen hat“.[73] Wenn ich zurückdenke, habe ich an den Wahlabenden der letzten Jahrzehnte Nichtwähler als eine Art ärgerlichen lahmen Haufen ignoriert. Jetzt fällt ein anderer Blick auf sie und sie geraten als eine interessante Gruppe ins Blickfeld, die der parlamentarischen Demokratie nichts mehr zutraut. Viele von denen scheinen auf etwas Neues zu warten, was vielleicht eher den Namen ‚Republik' trägt als Demokratie.

Ein Drittel der Menschen vermeidet es inzwischen, Nachrichten zu sehen. Ein Drittel der Menschen in Deutschland leidet ständig oder vorübergehend an psychischen Störungen. Wir scheinen eine Drittel-Gesellschaft zu werden. Ängste nehmen deutlich zu – und der Psychiater Thomas Fuchs sieht in einem merkwürdigen Konglomerat die Ursachen, das sich aus der Beschleunigung unseres Alltags, der Verdichtung von Arbeitsprozessen, den akuten Krisen und Kriegen, der Furcht vor Inflation und der Vorstellung, abgehängt zu werden, zusammenbraut. Im Minutentakt zucken über den Bildschirm unserer Smartphones Nachrichten zu neuen Krisen und Bedrängungen. Dieser Verdichtung, so Thomas Fuchs, sind die Menschen nicht gewachsen.[74] Es mischt sich – so könnte man wohl auch sagen – das Gefühl des subjektiven Kontrollverlustes über das eigene Leben mit der Wahrnehmung, dass sich das äußere Kontrollnetz, in dem wir gefangen sind, gleichzeitig immer enger um uns schlingt. Wir verlieren die Kontrolle über uns selbst und gleichzeitig perfektioniert sich die Kontrolle, die über uns verhängt ist. Ein Drittel der Bevölkerung Deutschlands – so noch einmal Thomas Fuchs – ist der Auffassung, dass sie von der Regierung betrogen wird. Das nährt Verschwörungstheorien, die ja davon ausgehen, dass eine andere Agenda wirksam ist als die, die öffentlich verkündet wird („Deep State"). Das World Economic Forum (WEF) wird verdächtigt, einen großen „Reset" betreiben zu wollen, der die Gesellschaft umkrempelt. Über diesen ja tatsächlich von Klaus Schwab, dem Gründer des WEF, angekündigten „Great Reset" lässt sich diskutieren: Was ist damit gemeint?[75] Ist das ein demokratischer Prozess von unten oder eine ökonomisch gesteuerte Neukalibrierung von oben? Angesichts der Macht der Konzerne ist es nicht überraschend, dass der Great Reset skeptische Stimmen auf den Plan ruft. Aber an den neuen Rändern dieser verunsicherten Gesellschaft tauchen merkwürdige, obskure Gruppen auf. So erfreuen sich die unheimlichen Anhänger von QAnon einer Verbreitung, deren Ausmaß und Einfluss schwer einschätzbar ist. QAnon nennt sich eine Gruppe, die behauptet, eine „einflussreiche, weltweit agierende, satanistische Elite“ entführe Kinder, „halte sie gefangen, foltere und ermorde sie, um aus ihrem Blut ein Verjüngungsserum zu gewinnen“.[76] Offensichtlich besteht die Gefahr, dass aus dem Zerfall der einigermaßen rationalen Gesellschaft Ideen aufsteigen, bei denen die Frage ist, ob sie mit dem Begriff faschistisch richtig beschrieben sind. Eher denkt man an finster-abergläubisch-fanatische Zeiten, in denen Lynchjustiz, Mord, Hexenverbrennung aus dumpfen Abgründen ausgebrütet wurden. Der erwähnte Psychiater Thomas Fuchs weist auf eine gefährliche Spannung hin: Die Gesellschaft, in der wir leben, beschleunigt sich linear. Aber die Menschen sind in natürliche Rhythmen der Natur eingebunden – von der Atmung bis zum Herzschlag oder zu den Bedürfnissen des Körpers, der zwischen Schlafen und Wachen hin und her schaukelt. Diese zwei Zeitordnungen sind immer schwerer zu vereinbaren. Fuchs spricht deshalb von einer zunehmenden Desynchronisierung: Die Zeiterfahrungen der Menschen passen nicht mehr zueinander und das macht die Sensibleren verrückt. Thomas Fuchs erinnert an den Times Square in New York, der für die immer wache Beschleunigung und die unablässige Veränderung steht – symbolisch für die Stadt New York, „die niemals schläft“.[77] Es verwundert nicht, dass der Zerfall der rationalen Wohlstandsgesellschaft sehr verschiedene Bewegungen hervorbringt, die von zaghaftem Aufbruch bis hin zum dumpf-gefährlichen Verschwörungsgebräu reichen. Man könnte auch sagen, der Zusammenbruch der Dienstleistungsgesellschaft setzt bei den verunsicherten Menschen Kräfte frei, deren Richtung noch nicht zweifelsfrei erkennbar ist. Schauen wir noch auf eine solche Außenseiterstimme. Toby Rogers schreibt in seinem Blog:

„Ich werde nicht zulassen, dass sie mit ihrer lächerlichen Junk-Wissenschaft in meinen Körper eindringen. Ich werde mich nicht an offiziellen Lügen beteiligen, um mich in die Höflichkeitsgesellschaft einzufügen. Ich werde das Leid der Impfgeschädigten nicht ignorieren. Ich werde mein Gehirn nicht ausschalten, damit die Pharmaindustrie sich der Verantwortung entziehen kann. Ich werde dem goldenen Kalb keine Brandopfer darbringen.“[78]

Das sind nun einmal Sätze, denen nicht wenige der Verunsicherten zustimmen, ob es uns passt oder nicht. Es wird nicht helfen, diese Sätze zu ignorieren oder zu verteufeln. Es ist ein Protestgesang, der aus den zerfetzten Trümmern der Dienstleistungsgesellschaft aufsteigt – und es ist nicht hilfreich, ihn mit dem Stempel „Querdenker“ in die Ecke zu stellen. Er verschwindet dadurch nicht. Man wird solche Stimmen nicht zum Verstummen bringen. Es ist ein Versagen der Mehrheitsgesellschaft, die meint, die Abgehängten, die Nichteinverstandenen, die aufsässigen Randfiguren ignorieren zu können. Es muss um Dialog gehen, nicht um Verachtung oder Isolierung. Ob es die AfD-Wähler sind oder die Impfgegner, die Arbeitsverweigerer oder die Nichtwähler: Überall flackern Buschfeuer, die die kontrollierende Feuerwehr, die von Politik und Medien ausgesendet wird, nicht mehr zu löschen imstande ist. Ebenso wie die Erschöpften und die Depressiven denen viel mitzuteilen haben, die sich noch im Maschinenraum der Dienstleistungsgesellschaft abrackern, ebenso könnte man die neuen Verdächtigen, die nicht mehr mitmachen, als „Symptomträger“ einer zerfallenden Gesellschaft begreifen, die den Mitmachern etwas zu erzählen haben. Diese sehr unterschiedlichen Außenseiter einigt ein Tatbestand: Sie haben sich aus der Sucht und der Abhängigkeit von Dienstleistungen befreit oder versuchen das jedenfalls. Die „Befreiung der Welt von den Götzen des Fortschritts, der Entwicklung, der Effizienz, des Bruttosozialprodukts und der Bruttosozialbildung“ ist eine Überlebensbedingung – das hat Ivan Illich vor fünfzig Jahren formuliert.[79] Wer weiß über diese Befreiung mehr? Minister oder Außenseiter? Selbstoptimierte oder Depressive?

Totale Bürokratisierung: Wer sind die Gewinner?

Die Krise der Dienstleistungsgesellschaft trifft nicht die Reichen, sondern vor allem die Armen. Arme? Gibt’s die denn bei uns? Der Europarat beklagt in einem Bericht vom 19. März 2024 die wachsende Ungleichheit in Deutschland. Der Reichtum Deutschlands stehe in keinem Verhältnis zum Ausmaß der Armut und der sozialen Ausgrenzung. Insbesondere Kinder und Seniorinnen und Senioren mit Behinderungen befänden sich in dramatischer Lage, Obdachlosigkeit und Fremdenfeindlichkeit nähmen zu.[80] Durch die größer werdenden Risse im Sozialstaat werden prekäre Lebensverhältnisse sichtbar, die zunehmen, während das wirtschaftliche Wachstum gleichzeitig zum Erliegen kommt. Die deutsche Entwicklung passt ins Gesamtbild. Während das Weltwirtschaftsforum 2024 in Davos tagt, veröffentlicht die britische Hilfsorganisation Oxfam ein paar eindrückliche Daten: Elon Musk, Bernard Arnault, Jeff Bezos, Larry Elison und Mark Zuckerberg – die fünf reichsten Männer der Welt –haben gerade ihr Vermögen verdoppelt, während die ärmsten 4,77 Milliarden Menschen das bisschen, was sie haben, auch noch zu verlieren im Begriff sind. Oxfam hält es für wahrscheinlich, dass die Welt bald den ersten Billionär zu sehen bekommt. Das reichste 1 Prozent der Welt besitzt jetzt 43 Prozent des gesamten globalen Finanzvermögens.[81] Ja, die Zahlen sind so oder ähnlich bekannt. Aber sie schreiben die Rahmenbedingungen der Dienstleistungsgesellschaft. Während die einen sich millionenteure Raketenausflüge ins All gönnen, können andere sich noch nicht einmal eine Tütensuppe kaufen.

Reiche und Arme hat es auch im römischen Reich schon gegeben. Aber die gegenwärtige tiefgreifende Spaltung hat etwas Apokalyptisches. Ivan Illich hat das biblisch erwähnte „mysterium iniquitatis", das Geheimnis der Ungleichheit in Erinnerung gerufen.[82] In der Tat lässt sich diese Entwicklung, bei der fünf Männer, die alles haben, Milliarden Menschen, die nichts haben, gegenüberstehen nur noch in der Kategorie eines globalen Schreckens oder einer pervers-dämonischen Verkehrung verstehen. Wie lange kann diese Struktur eigentlich bestehen bleiben? Wann wird sie von der Wut der Habenichtse weggefegt? Mit der kriselnden Dienstleistungsgesellschaft haben die Superreichen gewiss nichts zu tun, die können sich jede Dienstleistung kaufen. Sie ist eher das Prokrustesbett für den Rest der Welt, der in Zeiten von KI eigentlich nicht gebraucht wird. Der Sohn des Poseidon, so berichtet die Sage, bot Reisenden ein Bett an. Wenn die Reisenden zu groß für das Bett waren, hackte er ihnen die Füße ab, waren sie zu klein, reckte oder hämmerte er ihnen die Gliedmaßen auseinander. Vielleicht ist es hilfreich, sich die Dienstleistungsgesellschaft wie ein Prokrustesbett vorzustellen?

Johannes kommt aus Rom zurück. Steht kurz vor Mitternacht am Frankfurter Hauptbahnhof und wartet auf den letzten Zug nach Gießen. Wartet und wartet. Der Zug sollte schon vor 40 Minuten gefahren sein. Schließlich wendet er sich an die Information. Drei Diensthabende sitzen da, einer im Gespräch, eine macht sich die Fingernägel. Was mit dem

Zug sei? Der Zug falle aus. Eine Lautsprecheransage für die wartenden Reisenden hat es nicht gegeben auch keine Information auf der Anzeigetafel. Was er nun tun solle? Ja, um 5.21 Uhr fahre der nächste Zug. Taxi? Würde vielleicht ersetzt werden. Müsse er zu beantragen versuchen. Klingt das nicht ein bisschen wie bei Prokrustes? Der Reisende wird zurechtgeschnitten – wortlos und entschuldigungsfrei für fünf Stunden auf irgendeinen Drahtsessel fixiert.

Keine Revolution und keine Reformation kann wirklich eine Gesellschaft ändern – nur wenn Du eine starke neue Erzählung hast, eine Erzählung, die so überzeugend ist, dass sie die alten Mythen fortspült und zur neuen bevorzugten Geschichte wird. Wenn Du eine Gesellschaft ändern willst, dann musst Du eine alternative Geschichte erzählen.

IVAN ILLICH[83]

Warum unser postindustrielles Gesellschaftsmodell überholt ist

Wir brauchen mehr Gemeinschaft statt mehr Individualisierung

Technophile Paradiese: Wie überwinden wir den Schrecken automatisierter Dienstleistungsgesellschaften?

Der Mangel an Geld und Personal hat einen Umbau der Lebensformen zur Folge. Supermärkte sind auf dem Vormarsch, in denen kein Personal mehr sichtbar ist. Bei REWE gibt es jetzt schon einen Scanner, der wie ein Handy aussieht. Man tippt die Waren ein und bezahlt am Automaten. Für digitale Analphabeten gibt es noch übergangsweise eine Frau an der ‚Kasse'. Bargeld ist da faktisch schon so selten geworden wie es Trüffel sind. Zunehmend werden Waren auch nach Hause geliefert. Bei Amazon kosten 5 Biotomaten 2.99 Euro. Garantierte Lieferung heute Nachmittag. Die krampfhaften Versuche, die toten Innenstädte wieder zu beleben, werden erlahmen. Leerstände überall in den Einkaufszonen, dazwischen Ein-Euro-Läden. Haben Restaurants eine Chance oder wird Lieferando sie austrocknen? 2021 wurde bekannt, dass Lieferando Tausende von Websites mit dem Namen von Restaurants aber ohne deren Wissen angelegt hat: Schattenwebsites. In Deutschland waren 2021 von Lieferando 50.000 Domains für Restaurants registriert, die von Google teilweise höher platziert waren als die Websites der Restaurants selbst. Die Vorsitzende des Deutschen Hotel- und Gaststättengewerbes (DEHOGA), Ingrid Hartges, sprach im Blick auf Lieferando von „nahezu monopolistischen Strukturen", die „zu einer brutalen Abhängigkeit" der Gastronomen führten". Die Fahrer werden durch die Scoober-App sekundengenau überwacht und es wird versucht, die Entstehung von Betriebsräten zu behindern.[84] Wir sehen Dienstleistungen als Industrieprodukt auf dem Rücken von Leuten, die arm dran sind. Bankgeschäfte sind immer häufiger in Servicecentern zu erledigen. Das Sterben der großen Kaufhäuser macht deutlich, dass Kleidung online bestellt wird. Wer erinnert sich noch an Videotheken, in denen man Videos ausleihen konnte? Sie sind verschwunden, Streamingdienste liefern die aktuellen Medienprodukte. Dunkle Erinnerungen gibt es noch an Buchhandlungen, deren Verschwinden parallel verläuft zu dem Verschwinden kleiner landwirtschaftlicher Betriebe – wie weiter oben erläutert. Allein in Bayern haben zwischen 2010 und 2018 13.860 landwirtschaftliche Betriebe aufgegeben, prozentual am meisten waren es in Rheinland-Pfalz: 3840 landwirtschaftliche Betriebe verschwanden im Zeitraum von 2010 bis 2018.[85] Es ist überall das Gleiche: Das Kleine wird vernichtet. Ob es die Tante-Emma-Läden sind, die kleinen Bauernhöfe, die Buchhandlungen, die Bekleidungsgeschäfte oder die Bankfilialen – selbst die Arztpraxen werden von Gesundheitszentren abgelöst. Und Begeisterung herrscht in den Kommunen über die Chance, zur „Smart City" zu werden: Wahrscheinlich werden das Orte perfekter Belieferung, perfekter Kontrolle, perfekter Leblosigkeit, weil das Eigene nicht mehr vorkommen kann und darf. Erinnern wir uns daran, wie sich Dienstleistungen von persönlichen Akten zu entpersonalisierten oder digitalen Verabreichungen gewandelt haben.

Schöne Dienstleistungen ...

Auf dem Weg zu einem Gespräch mit dem Bürgermeister und dem Stadtverordnetenvorsteher der kleinen Stadt L. in Hessen: In Erinnerung ist der wunderschöne Schlossgarten des Städtchens, das ohnehin zauberhaft zwischen Kirschgärten und Wiesen in der sanft gewölbten Landschaft gelegen ist. In dem Gespräch wird es um neue Dienstleistungsideen für die vielen alten Menschen in der Stadt gehen, um die Einsamkeit, die Mobilitätsschranken und um die vielen Alten, von denen niemand etwas weiß.

Ich bin sehr früh losgefahren, um rechtzeitig da zu sein, das Treffen soll im Rathaus stattfinden. Ich habe noch eine Stunde Zeit bis zum Beginn des Gesprächs. Ich hoffe auf einen Kaffee, um die Zeit zu überbrücken. Allerdings male ich mir schon eine dieser Serienbäckereien aus, in denen klebrige Schnecken und trockene Croissants mit Schokoladenfüllung ausliegen, daneben Brötchen mit Gesichtswurst zwischen schlaffen Salatblättern; alles schmeckt nach Fabrik und Massenproduktion. Und dann geschieht ein Wunder: Ich sehe ein Café, Lämpchen auf den Tischchen, sogar Tischdecken. Ich trete ein: Ich sehe selbstgebackenen Kuchen, ich werde von einer blonden Dame begrüßt, die mich zu einem Tischchen geleitet. Ich werde sogar nach meinen Wünschen gefragt. Der Kaffee kommt in einem klassischen silbernen Kännchen, die Tasse – mit Untertasse – erfreut das Auge. Ist das ein Traum? Richtige Kaffeehaus-Stühle, freundlicher persönlicher Service und der Besitzer sitzt an einem kleinen Tischchen und liest die Kieler Nachrichten. Hier in Hessen. Bin ich in eine Filmkulisse geraten? Nein, ich bekomme sogar eine selbstgemachte Konfitüre mit dem wunderbaren Namen „Pina Colada" – und sie schmeckt wie früher.

Längst bin ich ja die serielle Motel One-Ausstattung gewohnt, ob in Berlin, München oder Wiesbaden: Überall die gleichen blaugrünen Kissen und Sessel, das Bildschirmfeuer im Zimmer und das Frühstücksbuffet, das X-Kaffeesorten am Automaten zur Selbstbedienung bietet, die Schüsselchen im Bord unter dem Biomüsli, daneben die Hafermilch. Alles perfekt. Aber ich erinnere mich an den beleibten Herrn in einem Hotel, das einmal eines mit Service gewesen war, der sich nicht damit abfinden wollte, dass das alles verschwindet. Er rief durch den Raum: „Versteht man in diesem Hotel nicht mehr, einen Tee zu kochen?" Irgendwann sah ich, wie er resigniert eine Tasse durch den Raum balancierte, aus der hing die übliche Schnur des Teebeutels heraus. Ich dachte an Kaffeehäuser, in denen einmal verschiedene Zeitungen in Holzklemmen hingen, Kaffeehäuser, in denen Literaten ihre Romane schrieben. Oder an Rolf Schwendter, den längst verstorbenen Kasseler Professor, der sich mit drei Doktortiteln schmücken konnte. Alle Dissertationen hatte er, so wurde gesagt, in Kaffeehäusern geschrieben. In den achtziger und neunziger Jahren ging man in die Cafés in San Franzisko „zum Abhängen, um ein Buch zu lesen, mit Zufallsbekanntschaften zu plaudern oder auch einfach nur, um das Leben zu beobachten. Seit der Jahrtausendwende sah man dann in Cafés nur noch überwiegend junge, weiße Gäste stumm auf ihre Apple-Geräte starren, als säßen sie in einem Großraumbüro. Doch selbst diese Phase scheint gerade an ihr Ende zu kommen.

… versus Selbstbedienung

Die nächste Phase habe bereits begonnen, schreibt Rebecca Solnit, in der wolle man es den Gästen austreiben, längere Zeit im Café zu Verweilen. „2023 wollen die Cafés von San Franzisko dich ums Verrecken loswerden." Die Betreiber haben begonnen, Tische und Stühle wegzuräumen, sie setzen ausschließlich auf Take Aways – nicht zuletzt, um zu verhindern, dass die Räume als kostenlose Büros zweckentfremdet werden.[86] Selbst das Wiener Kaffeehaus ist in der Krise: Seit Corona, seit der Steigerung der Heizkosten wackeln sie. In Mode ist jetzt die Selbstbedienungstheke statt der Kaffeehausatmosphäre. Ich erinnere mich an den Besuch eines Cafés in Berlin. Irgendwo in der Nähe des Gendarmenmarkts, also eine teure Gegend. Man saß aufgereiht an teuren Holztischen, wahrscheinlich Eiche. Natürlich Selbstbedienung. Ich erinnere mich an unzählige glitzernde Kaffeevarianten, die man bestellen und abholen konnte. Unter einem Plastikdeckel ließen sich ein paar schrumpelige Käsebrötchen sehen. Ich saß da wie in der Schule oder wie im Altersheim oder doch am ehesten wie in Edward Hoppers Bild „Nachtschwärmer", dem Klassiker amerikanischer Malerei. Das Bild mit kaltem Licht und einsamen Figuren, die schweigend nebeneinander ausharren, bringt die neue Isolation zur Ansicht. Vielleicht aber ist dieses wortlose Nebeneinander der Menschen längst das, was gewählt und gewollt ist? Das angestaubte Kaffeehaus, das ich in L. genossen habe, ist einer Aufreihung der Kunden vor den Kaffeeangebotstafeln gewichen. Längst ist diese Art von Kaffeehaus nicht mehr für das Schreiben oder das Gespräch gedacht, sondern dafür, in einer Reihe angeordnet, die Konsummöglichkeiten zu prüfen. Alles, was das Kaffeehaus war, ist dem Starbucks-Feeling gewichen. Nicht die liebenswürdige Dienstleistung zählt, sondern die Schlange der Kunden; die Reihe, in der man sich aufstellt, um sein Getränk abzuholen. Statt dass wir am Kaffeehaustisch einander gegenübersitzen, stehen wir wartend und singulär in der Schlange. Oder sitzen am Bildschirm.

Seit Jahren sinkt die Zahl der unabhängigen Buchhandlungen beständig – Amazon lässt grüßen.

Wie viele Gespräche zwischen Buchhändlern und Menschen, die nach Büchern schauen, sind ausradiert? Wie viele Gespräche haben nicht stattgefunden? Für die schöne Dienstleistung ist kein Platz mehr. Wie verlockend waren einmal Bahnhofsbuchhandlungen mit Fachpersonal! Ich erinnere mich an kompetente und interessierte Beratung von Leuten, die selbst lasen und etwas zu den Büchern sagen konnten. Heute gibt es die Ketten, in denen Bücher und Zeitschriften auf Tischen ausgelegt oder angehäuft sind, an der Kasse geht es ähnlich unpersönlich zu wie im Drogeriemarkt oder bei Lidl.

Wohin ich schaue, ist ein Prozess im Gang, der von der kontaktreichen schönen Dienstleistung zur kontaktlosen Abfertigung führt. Airbnb – die Onlineplattform, auf der Immobilienbesitzer ihre Unterkünfte vermieten – ist ein verheerendes Beispiel dafür. Das Unternehmen zerstört weltweit systematisch nachbarschaftliche Beziehungen, weil Mietwohnungen in Ferienobjekte umgewandelt werden, denn aus den Immobilien kann mehr Geld rausgequetscht werden. Die Folge ist, dass die Immobilienpreise an solchen Orten in die Höhe schießen. Wer das Pech hat, in einer touristisch oder ökonomisch attraktiven Gegend zu wohnen, muss sich mit der anonymen Reihe der Airbnb-Kunden in der Nachbarwohnung abfinden und darf sich die Hoffnung auf nachbarschaftliche Kontakte abschminken.

Ja, die neuen automatisierten Dienstleistungen funktionieren. An der elektronischen Warenschleuse des Supermarktes kann man kontaktlos einkaufen, kontaktlos einscannen, kontaktlos bezahlen. An der Rezeption des Tagungszentrums, wo der Zimmerschlüssel mit einem Code aus einem Kästchen entnommen wird, am Fahrtkartenautomaten, am Flugzeugcheck-in, wir bekommen, was wir brauchen, aber Menschen werde ich dafür nicht mehr begegnen. Schon gibt es digitale Ärztezentren, wo wir nicht mehr gehetzten Ärzten ausgeliefert sind. Stattdessen entstehen Orte, wo die medizinischen Beschwerden, die wir haben, digital vorgetragen, digital diagnostiziert und digital therapiert werden. Im Grunde ist das Ende der Dienstleistungsgesellschaft ein Prozess, der uns zu den Autisten verarbeitet, die wir dann alle geworden sein werden.

Es hakt noch hier und da, noch sind wir nicht perfekt individualisiert, sortiert und digital versorgt. Autonomes Fahren ist so ein Beispiel. „Im Oktober wurde ein Unfallopfer, das nach einer Karambolage mit einem normalen Auto noch auf der Straße lag, von einem fahrerlosen Wagen der General-Motors-Tochter Cruise erfasst. Die Frau wurde sechs Meter weit mitgeschleift. Das Fahrzeug konnte nicht erkennen, dass ein Mensch unter ihm lag. Um die Frau zu befreien, mussten die Rettungskräfte das Auto anheben. … Fahrerlose Autos werden häufig auch ‚autonom' genannt – aber Autofahren ist keine autonome, sondern eine kooperative Tätigkeit."[87] Ich kann mir vorstellen, wie in den Direktionsetagen von Auto-Konzernen über diese neue Dienstleistung geredet wird: Wir wissen doch – so wird dort geraunt – dass Fortschritt immer Opfer gekostet hat, aber ohne den Fortschritt geht es eben nicht. So ist das auch mit den autonom fahrenden Autos. Dienstleistungen, die ursprünglich etwas mit den Zwischenräumen zwischen Personen zu tun hatten, werden im Prozess ihrer Digitalisierung zu Instrumenten, die vereinzeln und kontrollieren, die uns trennen von anderen und uns zu radikalen Singles, die bedient werden, machen. Die Dienstleistungen, mit denen wir heute konfrontiert sind, haben sich aus der persönlichen Atmosphäre herauskatapultiert. Sie basieren auf der Definition von „Bedürfnissen" und den dazu passenden Dienstleistungen und befördern im Wesentlichen das Geschäft mit Dienstleistungen, geliefert an den Endverbraucher. Deswegen kommen diese Dienstleistungen auch als wertfreie, geschmacksneutrale, aber kostspielige Warenangebote daher. Sie sind nicht mehr gefärbt von christlichen oder weltanschaulichen Impulsen, sondern sind Instrumente der spätmodernen Gesellschaft, die standardisiert und qualitätskontrolliert sind, die es im Prinzip überall auf der Welt gibt, abgelöst von lokalen oder kulturellen Einflüssen.

Innehalten! Wenn das alles so ist, heißt das dann: Zurück zum Tante-Emma-Laden statt zum personalfreien Supermarkt? Den Rückwärtsgang einlegen im Gesundheitssektor, im Bildungsbereich, im Mobilitätswesen? Eine romantische Rolle rückwärts? Wer will schon unter mittelalterlichen Umständen leben? Vor dem Scherbenhaufen der scheiternden Dienstleistungsgesellschaft stehen wir und fragen uns: Soll das so weitergehen mit diesen digital perfektionierten Dienstleistungen, die uns zu ökonomischen Objekten machen, uns in ein rundum kontrollierbares Panoptikum schicken und uns in Autisten verwandelt, die kein Gegenüber mehr kennen? Anhängsel einer schamlosen Dienstleistungsflut, die uns dazu bringt, selbst jede Scham zu verlieren? Wir haben zu Recht Angst vor dem Verschwinden der Dienstleistungsgesellschaft mit all ihren einschläfernden Bequemlichkeiten. Wartet da die Anarchie auf uns? Und wie kommen wir damit zurecht? Gerade habe ich ein Buch, das ich dringend brauche, bei Amazon bestellt, morgen wird es da sein. Aber ich habe meinen Blick damit von der Wahrnehmung für die kränkelnde letzte kleine Buchhandlung in der Stadt, in der ich wohne, abgewendet. Es war halt bequemer und schneller.

Tragödien sind unvermeidbar

„Wer die Welt verändern will, muss sich Zumutungen stellen." Das sagt die Philosophin Martha Nussbaum.[88] Ganz in diesem Sinne haben David Graeber und David Wengrow versucht, die Geschichte der Menschheit neu zu schreiben: Es gehe darum – so die beiden – sich dem drohenden Kollaps der Welt durch eine zukunftszugewandte Neubetrachtung der Narrative entgegenzustellen. Die Triebfeder der Menschheitsgeschichte – so sagen sie – sei keineswegs der Kampf um gleichberechtigten Zugang zu materiellen Ressourcen (Land, Kalorien, Produktionsmittel), sondern die Frage, „ob wir alle die gleiche Möglichkeit haben, an Entscheidungen mitzuwirken, die unser Zusammenleben betreffen".[89] Wenn das richtig ist, dann ist die Dienstleistungsgesellschaft ein Fehlweg, und wir müssen über eine Richtungsänderung dringend nachdenken. Anders gesagt: Je mehr sich Dienstleistungen aus dem personenbezogenen Kontext lösen und zu technophil geprägten Waren werden, desto deutlicher wird, dass sie eine Beglückungsmaschinerie zu sein vorgeben, die sie in Wirklichkeit nicht sind. Aus dem Inneren der Dienstleistungspakete hört man das Klopfen des Größenwahns, der Gier, der Lüge, des Neids und der Gewalt, ein Klopfen, das nicht zum Schweigen zu bringen ist.

„Angesichts akuter Megakrisen wie Klimawandel, Artensterben, Überbevölkerung oder drohendem Atomkrieg, die ähnlich unbarmherzig wie die alten Göttersprüche mit dem menschlichen Vernunft- und Fortschrittsglauben kollidieren, kehrt langsam, aber unaufhaltsam das tragische Bewusstsein wieder, dass sich möglicherweise doch nicht sämtliche Konflikte in gegenseitigem Einvernehmen lösen lassen, dass wir es nicht nur mit Gesprächsrunden zu tun haben, in denen es die anderen zu überzeugen gilt. (Auch) das beste Gesetz (bleibt) in nicht auflösbarer Weise von einer Tendenz der Überschreitung begleitet und auch in einer Kultur rationalistischer Aufklärung (verlangt) die Dimension des Affektiven, ihre Macht, nach Ausdruck."[90] „Der Glaube, die Tragödie im wissenschaftlichen Zeitalter diskutierender Aushandlung verabschieden zu können, ist ein gesellschaftlicher und ästhetischer Kurzschluss", behauptet Hans-Thies Lehmann.[91] Das ist ein Angriff auf die Denk- und Hoffnungsfiguren der letzten Jahrzehnte. Jürgen Habermas, die wohl zentrale philosophische Identifikationsfigur in Deutschland seit den 1970er Jahren, kreist ja in seinem Lebenswerk darum, dass die Verwendung kommunikativer Sprechakte Diskurse eröffnet, die zwingend auf ein letztes mögliches Einverständnis zielen. Das linksliberale Klima hat sich ständig ‚irgendwie' – oft nur assoziativ – auf diese Habermas-Theorie bezogen. Nun schmilzt dieses Milieu weg. Und gibt es nicht den hysterischen politisch-medialen Versuch, jene, die dem bröckelnden linksliberalen Milieu Adieu sagen, mit allen Mitteln – notfalls mit repressiven Instrumenten – bei der Stange zu halten? Aber es funktioniert nicht mehr und der Versuch, kritische Stimmen zu diskriminieren und so zum Schweigen zu bringen läuft allmählich aus dem Ruder. Man kann nicht alle kritischen Stimmen, die sich nicht an die politisch korrekte Sprache halten oder den viel gelesenen oder viel gesehenen Medien widersprechen, in den Sack stecken und zu Querdenkern oder Verschwörungstheoretikern stempeln.

Gandhi – eine Witzfigur?

Wie nervös man dort inzwischen geworden ist, lässt sich daran ablesen, dass der Mann, der Indien gewaltlos in die Unabhängigkeit geführt hat, der – in Kontrast zu all den korrupten Machteliten, von denen wir wissen –, bei einem beispielhaft bescheidenen Lebensstil geblieben ist, Mahatma Gandhi, von Sascha Lobo im Spiegel als eine „sagenhafte Knalltüte" bezeichnet wird. Ich glaube, Mahatma („große Seele") hätte gelacht und sich für diese geballte Verachtung und Diskriminierung bedankt.[92]

Schauen wir uns Auszüge aus einer Beschreibung von Gandhis Hütte an, dann kann man nur sagen: Ein Mann, der die Welt friedlich und gewaltfrei verändert hat und dann in so einer ärmlichen Hütte wohnt, kann nur eine sagenhafte Knalltüte sein. Die Beschreibung, die Ivan Illich gegeben hat, ist auch deshalb für dieses Buch zentral, weil sie von einem Leben außerhalb der warenförmigen Dienstleistungen zeugt, von dem Sascha Lobo offensichtlich keine Vorstellung hat.[93]

„Heute Morgen, als ich in der Hütte saß, in der Mahatma Gandhi lebte, versuchte ich den Geist ihres Entwurfes in mich aufzunehmen und ihre Botschaft einzusaugen. Es gibt zwei Dinge an dieser Hütte, die mich sehr beeindruckten. Das eine ist die spirituelle Ausstrahlung, das andere der Reiz, die Annehmlichkeit, die von ihr ausgeht. Ich versuchte die Vorstellung (den Gesichtspunkt), welche Gandhi beim Bau der Hütte geleitet haben mag, zu begreifen. Ich mochte ihre Einfachheit, ihre Schönheit und Geordnetheit sehr. Die Hütte kündet vom Geist der Liebe und der Gleichheit mit jedermann." Wer diese Hütte betritt, kann sieben verschiedene Arten von Räumlichkeit erfahren. Zunächst zieht jeder die Schuhe aus, wenn er die Schwelle überschreitet. Danach betritt man einen großen Raum, der eine ganze Familie beherbergen kann. Hier können Menschen zusammenkommen, um miteinander zu meditieren, miteinander zu sprechen oder miteinander zu schweigen. Im dritten Raum saß Gandhi, um zu arbeiten. Zwei weitere Räume sind für Gäste oder für Kranke vorgesehen. Eine offene Veranda und ein Bad gehören noch dazu. Alle diese Räume stehen in einer sehr organischen, proportionalen Beziehung zueinander. „Ich habe den Eindruck, daß reiche Leute, die in diese Hütte kommen, sich über sie lustig machen würden. Aber ich sehe nicht, warum vom Gesichtspunkt eines einfachen Inders aus, ein Haus größer als dieses sein sollte. Dies Haus ist aus Holz und Lehm gemacht. Um es zu bauen, haben nicht Maschinen, sondern die Hände von Menschen gearbeitet. Ich nenne es eine Hütte, aber in Wirklichkeit ist es eine Wohnstätte (Heim, Zuhause). Es gibt einen Unterschied zwischen einem Haus und einer Wohnstatt (einem Zuhause)."

Normalerweise sind bei uns Häuser unter dem Gesichtspunkt ihrer Ausstattung konstruiert, sie sollen die Möbel, das Gepäck, die Habseligkeiten der Menschen beherbergen. Sie dienen im Grunde mehr der Sicherheit und Bequemlichkeit der Habe als der des Bewohners, sagt Ivan Illich. „Ein Haus, das mit allerlei Behaglichkeiten vollgestopft ist, zeigt, daß wir schwach geworden sind. Je mehr Lebenskraft wir einbüßen, desto größer wird unsere Abhängigkeit von den Dingen, die wir erwerben. Damit ist es wie mit unserer Abhängigkeit von Hospitälern für die Gesundheit der Menschen und von Schulen für die Erziehung unserer Kinder. Unglücklicherweise sind weder Hospitäler noch Schulen ein Indikator für die

Gesundheit oder die Intelligenz eines Landes. Im Gegenteil, die Anzahl der Krankenhäuser beweist die angekränkelte Gesundheit der Leute und die Zahl der Schulen ihre Ignoranz. Ähnlich schwächt die Vielzahl der Bequemlichkeit stiftenden Dinge die schöpferische Ausdruckskraft im menschlichen Leben … Diejenigen, die einen Ort größer als diese Hütte, in der Gandhi lebte, beanspruchen, sind arm im Geist, am Leibe und in ihrer Lebensart. Sie tun mir leid. Sie haben sich und ihr lebendiges Selbst einer leblosen Struktur überantwortet. In diesem Vorgang haben sie die Beweglichkeit (Geschmeidigkeit) ihres Leibes und die Lebendigkeit ihres Lebens eingebüßt. Sie haben nur noch wenig Berührung mit der Natur und wenig Nähe zu ihren Mitmenschen."

Die Reichen können das nicht verstehen. Mit ‚reich' meint Ivan Illich diejenigen, die über Bequemlichkeiten verfügen, die nicht für jeden erreichbar sind. Es sind die Menschen, die reich sind an Lebensaufwand, an Essen, an Herumkommen in der Welt. Und ihre Konsumgewohnheiten sind von der Art, dass sie für die einfache Wahrheit blind geworden sind. Es sind die Blinden, für die Gandhis Lehre eine schwierige Zumutung ist, schwer verständlich und schwer sich zu eigen zu machen. Sie sind diejenigen, die in der Einfachheit keinen Sinn sehen. Ihre Umstände erlauben ihnen bedauerlicherweise nicht, die Wahrheit zu sehen. Ihre Leben sind zu kompliziert geworden, als dass sie in der Lage wären, aus der Falle, in der sie gefangen sind, herauszukommen.

Es wird kälter

Der Watteknast der Dienstleistungsgesellschaft bricht auf, nicht zuletzt, weil Dienstleistungen nicht mehr funktionieren. Das Narkotikum, das die Dienstleistungen darstellten, verliert seine Wirkung. Plötzlich stehen wir im Durchzug und frieren. Der Krieg in der Ukraine und die Gaza-Israel-Katastrophe gehen nicht zufällig einher mit der Götterdämmerung der Dienstleistungsgesellschaft. Die beruhigende Versorgtheit schwindet, der wärmende Pelzmantel der Dienstleistungen wird uns von den Schultern gerissen. Und wir stehen in kalt-zugiger Luft umringt von Dienstleistungen, deren Hauptmerkmal ist, dass sie berührungslos sind, dass sie mit keinerlei Gefühlen verbunden sind und Kälte mit sich bringen. So wie sie automatisiert sind, sollen wir auch automatisiert werden. Dienstleistungen, wie sie heute daherkommen, ähneln uns den Automaten an, von denen wir bedient werden.

„Gewaltig ist vieles, doch nichts ist gewaltiger als der Mensch", spricht der Chor in der Tragödie „Antigone", der Tragödie des Sophokles. Die Frage ist, ob das noch stimmt, ob nicht längst das technophile Dienstleistungsmilieu, das der Mensch geschaffen hat, gewaltiger ist als er selbst. Der Mensch kann hochmütig darauf verweisen, dass er offensichtlich die Macht und die Mittel hat, den Planeten zu zerstören. „Nichts ist gewaltiger als der Mensch." Das Geflecht aus Dienstleistungen leistet dazu entscheidende Beihilfe. Da hilft die Erinnerung an Antigone. Das Chorlied aus Sophokles' Antigone spricht in der letzten Strophe diese Worte über den Menschen:

„Befolgt er stets und ehret, was das Land befiehlt, und hält der Götter Recht, ist er geachtet, doch geächtet, wer das Übel bei sich wohnen lässt aus Wagemut …" Darf man das sagen? Könnte das stimmen? Wer die zerstörerischen Dienstleistungen, die Menschen in Unmündigkeit und Abhängigkeit drängen, „bei sich wohnen lässt" verfällt der Ächtung?

Je dramatischer die krisenhaften Zuspitzungen sind, desto hektischer wird die Happy-End-Alternative beschworen. Welches Sachbuch kann es wagen, nicht mit einem freundlich-beruhigenden Schluss daherzukommen? Die Ecken und Kanten müssen benutzerfreundlich abgerundet werden. Keiner wolle das sonst kaufen, heißt es. Vielleicht stimmt das gar nicht? Vielleicht sind die Leserinnen und Leser viel mündiger und kritischer als wir gemeinhin denken?

Zurück zur schönen Dienstleistung

So ist es an der Zeit, uns an dieser Stelle an eine alte Geschichte zu erinnern, an die Geschichte vom „Barmherzigen Samariter". Die Geschichte ist oft erzählt und ebenso oft missverstanden worden. Sie gilt vielen als die christliche Gründungsgeschichte für fromme Dienstleistungen. Sie steht in der Bibel, im Neuen Testament, im Lukasevangelium im Kapitel 10, Vers 29-35.

„Ein Mensch ging von Jerusalem nach Jericho hinab und fiel Räubern in die Hände; die zogen ihn aus und schlugen ihn und gingen davon und ließen ihn halbtot liegen. Zufällig aber ging ein Priester jene Straße hinab;

und er sah ihn und ging vorüber. Ebenso kam auch ein Levit an den Ort, sah ihn und ging vorüber. Ein Samariter aber, der unterwegs war, kam in seine Nähe, und als er ihn sah, hatte er Erbarmen mit ihm und trat hinzu, verband seine Wunden, indem er Öl und Wein darauf goss, hob ihn auf sein Tier, brachte ihn in eine Herberge und pflegte ihn. Und am darauffolgenden Tage nahm er zwei Denare heraus, gab sie dem Wirt und sagte: Pflege ihn! Und was du mehr aufwenden wirst, will ich dir bezahlen, wenn ich wiederkomme." Es ist eine Gründungsgeschichte für die personale Dienstleistung, jenseits von Professionalität, jenseits von Klientelisierung, jenseits ökonomischer Interessen. Es ist die schöne Dienstleistung, zu der wir zurückzukehren versuchen müssen. Ivan Illich hat darauf hingewiesen, dass Jesus mit der Geschichte vom barmherzigen Samariter nicht auf die Frage antwortet: „Was muss ich tun?" Sondern Jesus antworte auf die Frage eines Gesetzeskundigen: „Wer ist mein Nächster?" Mit dem Gleichnis sprengt Jesus also die Grenzen nationaler und religiöser Einschränkungen.[94] Der Samariter selbst ist zu der Zeit, in der die Geschichte sich abspielt, ein kulturell Ausgegrenzter. Er überrascht, weil er sich um die nationalen und religiösen Barrieren nicht kümmert.

Die Geschichte ist – wie gesagt – immer wieder als die Gründungsgeschichte der diakonischen Dienstleistungen vorgestellt worden. Aber sie antwortet eben auf eine ganz andere Frage als auf die Frage: Was muss ich tun? Wie sieht die richtige Dienstleistung aus?

Diakonie und Caritas sind nach wie vor die größten kirchlichen Konzerne. In der Diakonie sind über eine Million Menschen tätig. 627.349 Frauen und Männer arbeiten hauptamtlich in der Diakonie, 700.000 freiwillig Engagierte muss man hinzuzählen. 690.000 Menschen arbeiten in der Caritas. Sie arbeiten vor allem in Diensten der Gesundheitshilfe, der Jugendhilfe und der Altenhilfe. Zum Vergleich: Im Jahr 2021 waren in der Automobilindustrie 786.000 Menschen tätig. Zählt man die ‚weltlichen' Sozialkonzerne (AWO, Paritätischer Wohlfahrtsverband etc.) noch dazu, schrumpft die Automobilindustrie gegenüber den sozialen Dienstleistern zum Zwerg. Ohne die kirchlichen Sozialtäter – soviel ist klar – würden Gesundheits-, Kinder-, Jugend- und Altenarbeit zusammenbrechen. Ja, die schrumpfende Kirche (Kirchenaustritte sind auf dem Höchststand) scheint manchmal nur noch zu leben, weil sie von ihren gigantischen

Sozialkonzernen getragen wird. Ein großer Apparat, der immer schlechter funktioniert.

Schöne Dienstleistungen, Dienstleistungen also, die nicht zur gleichgeschalteten entpersonalisierten Ware verkommen sind, können sich mit Fug und Recht auf den barmherzigen Samariter beziehen, weil das Gleichnis die persönliche, subsistente Beziehung in den Vordergrund stellt. Der fällige Neuanfang im Umgang mit „Dienstleistungen“, die Suche nach schönen Dienstleistungen, kann sich ganz ungeniert auf die immer noch unerfüllte Geschichte vom Barmherzigen Samariter beziehen: Sie bricht religiöse, politische, nationale Grenzen – und beschwört eine Welt, in der Dienstleistungen die unmittelbare, wärmende, heilende Möglichkeit menschlichen Handelns sind.

Wir haben es mit einer Wirtschaft zu tun, die sich anschickt, totalitär zu werden, weil sie alles unter den Befehl einer ökonomischen Ratio zu zwingen sucht. Aus Marktwirtschaft, also ein Segment, soll Marktgesellschaft werden. Das ist der neue Imperialismus. Er erobert nicht mehr neue Gebiete, sondern macht sich auf, Hirn und Herz der Menschen einzunehmen. Sein Besatzungsregime verzichtet auf körperliche Gewalt und besetzt Zentralen der inneren Steuerung des Menschen.

NORBERT BLÜM[95]

Aufbruch aus der Vergeldlichung unserer Beziehungen

Vom Widerstand gegen die nekrophile Gesellschaft

Ivan Illich hat den Versuch unternommen, das, was von der Selbstbestimmung des Menschen noch übrig ist, zu verteidigen, um so das Gespräch von Angesicht zu Angesicht wieder möglich zu machen. Das sollte ein Gespräch werden, das nicht von den Worten professioneller Berater geformt ist: Ivan Illich wollte die Ausweitung der Freiheit und nicht etwa die Zunahme von Dienstleistungen zum Kriterium für sozialen Fortschritt machen.[96] Immer tiefer dringt ja die Plastiksprache der Experten (will sagen der Dienstleistungsgesellschaft) in unseren Austausch mit anderen ein. Alles soll „nachhaltig“ sein, man müsse „Geld in die Hand nehmen“, Informationen sind „abzurufen“, wir sollen „zukunftsfähig“ werden usw. usw. Die Kommissionspräsidentin Ursula von der Leyen beschwor in ihrer Rede vor dem CDU-Parteitag am 8.5.2024 die „zeitlosen Werte“ der EU. Es drängt sich mir das Bild von Einweckgläsern auf, in denen die Werte haltbar gemacht werden, während Ethik doch eine lebendige Angelegenheit zwischen Menschen ist, die sich nicht “eingemacht“ ins Regal stellen lassen.

Die Sprache der Dienstleistungsgesellschaft wimmelt von sprachlichen Fertigprodukten. Man muss sich nur einmal die Statements von Politikerinnen und Politikern im sonntäglichen „Bericht aus Bonn“ anhören, um sich das Hirn von Plastikwörtern vernebeln zu lassen, von gedroschenen Phrasen und von ins Publikum geworfenen Prognosen. Es sind Augenblicke, in denen uns auf infame Weise die Fähigkeit, auf Fragen nicht zu antworten, vorgeführt wird.

Der Schluss daraus ist: Dienstleistungen sind immer mehr zum Sargdeckel geworden, der über uns zuklappt, um uns so vom Leben auszuschließen. Dienstleistungen – so könnte man auch sagen – sind die

Vampire, die uns das Blut des Lebens aussaugen und uns dann als leergelutschte Lumpenbündel zurücklassen. Die Wiederbelebung, die wir ersehnen, kann erst gelingen, wenn wir uns von den Zwangsideen, den Belieferungen, den Entmündigungen der Dienstleistungsgesellschaft erfolgreich befreit haben. Dazu müssen wir uns zuerst darüber klar werden, was Dienstleistungen anrichten und warum ihnen das gelingt. Der erste und wichtigste Punkt: Dienstleistungen sind immer nachdrücklicher und unausweichlicher privatisiert worden. Will sagen: Sie sind aus der staatlichen Hand entfernt worden und in die Regie von Konzernen geraten. Daraus folgt: Durch Privatisierungen sind substanzielle Aufgaben des Staates ausgehöhlt worden. Beispiel Bahn: Ein Bekannter, der bei der Deutschen Bank tätig war, hat mir vor Jahren gesagt, dass allein die freie Wirtschaft dafür sorgen kann, dass die Bahn in Schwung kommt, denn der freie Markt werde es richten. Wenn die Bahn erst einmal privatisiert ist, dann wird alles besser klappen, sagte er. Tatsächlich kann man die Verschlechterung der Situation der Bahn in Deutschland problemlos mit der ‚Mehdornisierung' der Bahn einhergehen sehen: Mit der Privatisierung der Bahn wurde die Profitabilität wichtiger als die öffentliche Aufgabe der Bahn, Menschen an die Orte zu bringen, zu denen sie reisen wollen. Die in solchem ökonomischen Liberalismus angelegte „Entpolitisierung der Bürger und die Bereitstellung von Konsum als Ersatz zur Befriedigung von Freiheitsbedürfnissen" eröffne den „Weg zur Erzeugung einer freiwilligen Unterwerfung" analysiert Rainer Mausfeld. Beherrschung werde auf eine physisch mildere und weniger leicht erkennbare Weise ausgeübt als in totalitären Regimen.[97]

Das Regime der Dienstleistungsgesellschaft

Um ihrer Bequemlichkeit willen haben die Menschen sich der Herrschaft der Dienstleistungsgesellschaft unterworfen. Vielleicht aber beginnt jetzt der Zorn der Bürgerinnen und Bürger zu wachsen, weil sie sehen und spüren, dass die Versprechungen, die mit der Privatisierung und der Totalisierung der Dienstleistungsgesellschaft einhergingen, nicht erfüllt werden

Die Krise der Dienstleistungsgesellschaft ist keine Reparaturfrage, sondern eine Systemfrage: Wann fangen die Bürgerinnen und Bürger an, sich zur Wehr zu setzen? Wird der erkennbare Versuch, Kritik von Bürgerinnen und Bürgern durch Einschüchterung zu unterbinden, gelingen? Die Innenministerin Nancy Faeser hat anlässlich der Vorstellung eines Aktionsprogramms gegen Rechtsextremismus gedroht: „Diejenigen, die den Staat verhöhnen, müssen es mit einem starken Staat zu tun bekommen."[98] Das verkennt, dass in einer Demokratie der Staat ohne weiteres grundsätzlich und polemisch kritisiert werden darf, auch verhöhnt werden darf. „Faesers Satz klingt, als wolle sie das Strafdelikt der Majestätsbeleidigung aus dem Deutschen Kaiserreich für den demokratischen Souverän wiederbeleben – nur dass sie dabei übersieht, dass in einer Demokratie das Volk der Souverän ist, nicht die Regierung."[99]

Einen ähnlichen Geist vermittelt auch eine Äußerung Claude Junckers, der einmal Premier Luxemburgs war und den Staats- und Regierungschefs der EU diese Ratschläge erteilte:: „Wir beschließen etwas, stellen das dann in den Raum und warten einige Zeit ab, was passiert. Wenn es dann kein großes Geschrei gibt und keine Aufstände, weil die meisten gar nicht begreifen, was da beschlossen wurde, dann machen wir weiter – Schritt für Schritt, bis es kein Zurück mehr gibt."[100] Das sind ungewohnt offene Worte über die Manipulation der Bürger und Bürgerinnen, die sich in der Dienstleistungsgesellschaft gut aufgehoben fühlten. Pustekuchen. Die gegenwärtige Krise der Dienstleistungsgesellschaft ist nicht irgendein leicht abstellbares Systemstottern. 52 Prozent der Deutschen gaben im Herbst 2023 an, der Regierung eher nicht zu vertrauen.[101] Vielleicht ahnen die Menschen doch, dass sie à la Juncker manipuliert werden? Der Klimaminister Habeck spricht im Jahr 2024 unverhohlen über seine volkspädagogischen Ziele, die man durchaus auch manipulativ nennen könnte. „Die Debatte um das Gebäudeenergiegesetz, also wie heizen wir in Zukunft, war ja ehrlicherweise auch ein Test, wie weit die Gesellschaft bereit ist, Klimaschutz – wenn er konkret wird – zu tragen … Und ich bin zu weit gegangen."[102] Ist ein Minister ernannt, um die Interessen der Bürger zu vertreten oder ist es seine Aufgabe, die Wähler zu testen?

Hängt der Vertrauensverlust auch damit zusammen, dass die konzentrierte wirtschaftliche Macht inzwischen zu einer politischen Macht geworden ist? Das vermutet jedenfalls der amerikanische Philosoph

Sheldon S. Wolin. Statt ein rein wirtschaftliches System zu sein, das Waren und Dienstleistungen bereitstellt, habe sich das Kapital politische Eigenschaften angeeignet. Daraus – so Wolin – könne eine Revolution der Abgehängten erwachsen, die der Unterordnung der ökonomischen unter die demokratische Macht widersprechen und daraus könne sich wiederum eine neue Spezies von Anführern entwickeln, die sich nicht der regierenden Elite anschließen, sondern sich dafür entscheiden, beim „Volk" zu bleiben.[103] Ließe sich so etwas für Deutschland vorstellen? Nun nährt sich das Misstrauen der Deutschen nicht aus theoretischen Analysen, sondern aus praktischen, alltäglichen Erfahrungen. Die explodierenden Preise für Lebensmittel erwecken den Eindruck, dass da abgesahnt werde. Die Nachrichten in den Hauptmedien werden zunehmend skeptisch beäugt – vom redaktionellen Verkündungsjournalismus schrieb die ZEIT schon 2014.[104] Eine Studie aus dem Jahr 2022 unterstreicht: 75,8 Prozent der Jugendlichen misstrauen Zeitungen, 71,6 Prozent misstrauen Journalistinnen und Journalisten. „Mehr als ein Drittel der Jugendlichen vermutet, dass die Medien absichtlich wichtige Informationen zurückhalten (37,9 Prozent) und nur die eigene Meinung verbreiten (32,8 Prozent).[105] Die einst blühende Dienstleistungsgesellschaft scheint ihre Anhänger zu verlieren. Es verbindet sich damit die Chance, aus dem Teufelskreis der Abhängigkeit auszubrechen. Vielleicht ist es hilfreich, sich an Ameisenkreise zu erinnern. Ameisen können in eine tödliche Manie geraten. Sie folgen Pheromonspuren, und wenn die sich kreuzen, können Ameisen zu Abertausenden in eine Kreisbewegung geraten, es ist ihnen dann unmöglich, diesen Kreis zu verlassen, sie folgen der Kreisbewegung bis sie vor Erschöpfung sterben. Die Dienstleistungsgesellschaft mit ihren suchtartigen Begleiterscheinungen und ihrem stetigen Wachstum, der die Beteiligten in immer größere Erschöpfung treibt, sieht wie eine solche „Ameisenmühle" aus. Die große Aufgabe, aus dieser selbstmörderischen Zwangsbewegung auszubrechen, stellt sich heute aus dem doppelten Grund: Die Dienstleistungsgesellschaft läuft sich zu Tode – und obendrein funktioniert sie nicht mehr. So gesehen ist die Krise lebensbedrohlich. Sie stellt uns vor die Aufgabe, aus der Mühle der Bequemlichkeit auszubrechen und den Kontakt mit dem wirklichen Leben wiederherzustellen.

Vom Verlust der Transzendenz

Die Ersatzhoffnungen, die Dienstleistungen bieten, wirken bisweilen wie der Versuch, einen Ersatzhimmel zu schaffen, nachdem den Menschen die Himmelshoffnungen verloren gegangen sind. Deshalb kleben die Menschen natürlich auch an den Dienstleistungen. Wagen wir, den Finger in die Wunde zu legen: Wir sind mehr und mehr zu vereinseitigten Menschen geworden. Weil wir so radikal diesseitig sind, weil den meisten Menschen die Vorstellung davon abhandengekommen ist, dass etwas über uns hinausweisen könnte, verfallen wir den Versprechungen der Dienstleistungswohlfühlgesellschaft. Dass „moderne" Menschen ohne „Transzendenz" leben, macht sie anfällig für die dürftigen Tröstungen der Dienstleistungsgesellschaft. Wenn die Götter mit dem Himmel verschwunden sind, dann muss das gute Glas Wein, das schöne Essen, die elegante Wohnung, das schicke Auto, die Haute-Couture-Bluse den leeren Himmel ersetzen. Soweit wir blicken können, haben unsere Vorfahren und haben unsere Nachbarn in anderen Kontinenten noch heute die Gegenwart des Anderen für gegeben gehalten: Ahnen, Götter, Geister, Wunder, Spiritualität waren und sind den meisten Menschen auf dem Planeten immer noch selbstverständliche Realität. Nur wir, die Erben der spätindustriellen Gesellschaft, sitzen metaphysisch auf dem Trocknen, und trösten uns mit spiritueller Ersatzware. Der Blick auf Tik-Tok hat das Gebet ersetzt, das Seidenpapiergeraschel, das um die neuen Schuhe gewickelt ist, macht das Halleluja überflüssig, die Tiefkühlpizza verdrängt den Gedanken an das im Gottesdienst geteilte Brot, die Red-Bull-Dose lässt den Wein aus dem goldenen Kelch verschwinden. Der „homo modernissimus" drapiert um sich herum die toten Produkte der Dienstleistungsbranche, um nicht wahrnehmen zu müssen, dass ihm der Himmel verschwunden ist – und das Leben gleich mit. Eine alte afrikanische Frau spricht mir gegenüber in einem Gespräch im April 2024 in Namibia diese Erfahrung aus: "Die Götter sind fortgegangen." Und „der Regen kommt nicht mehr, weil wir unsere Regentänze nicht mehr tanzen". Sie weiß noch, dass etwas verschwunden ist, meinen Zeitgenossen ist nicht einmal mehr das bewusst. Sie schauen auf solche Leute wie auf unmündige Kinder, die noch an den Weihnachtsmann glauben. Der Horizont der Modernen ist verstellt, sie wissen nicht einmal mehr, dass mit der Transzendenz vielleicht auch die Lebendigkeit überhaupt gegangen ist und nur Totes geblieben ist: sinnlose Waren und entmündigende „services", die darüber hinwegtäuschen sollen, dass das Leben nicht mehr lebt. Die Gesellschaft der Dienstleistungen schafft solche, die sie sich leisten können und solche, die sie sich nicht leisten können: Privilegierte und nicht Privilegierte. Der amerikanische Philosoph Charles Eisenstein schreibt ganz in diesem Sinne: „Im Grunde ist eine privilegierte Person jemand, der eigentlich keine Gemeinschaft hat oder braucht, weil er alle seine Bedürfnisse mit Geld befriedigen kann. Denn wenn man in der modernen Gesellschaft genug Geld hat, braucht man niemanden, niemanden oder nichts. Man braucht die Menschen um sich herum nicht, weil man jemand anderen dafür bezahlen kann, dass er das tut, was man gerade tut. Du brauchst das Ökosystem um dich herum nicht, du brauchst den Boden um dich herum nicht, weil du dafür bezahlen kannst, Lebensmittel von irgendwo anders zu importieren. Man ist völlig unabhängig von seinen Beziehungen, mit Ausnahme der einen Beziehung, die in der modernen Gesellschaft wichtig ist, um das Leben zu erhalten, nämlich Geld, so scheint es zumindest." Geld ersetzt menschliche Beziehungen. Das, was einmal in der Gemeinschaft (der Familie, dem Stamm, dem Dorf …) geschaffen wurde, ist – so Eisenstein – durch bezahlte Dienstleistungen abgelöst.[106] Wo Gemeinschaft noch funktioniert, da ist sie systematisch von der Idee der Entwicklung bedroht – und das heißt, alles, was Menschen einmal selbst gemacht haben, wird durch bezahlte Dienstleistungen ersetzt. So nagen die Dienstleistungen an allem, was die Menschen einmal selbst gekonnt haben. Die Fähigkeit, für die eigenen Lebensmittel zu sorgen, ist durch Belieferung durch den Supermarkt abgelöst und selbst die Kompetenz, großzuziehen, wird von pädagogischen Spezialagenturen übernommen. Dabei ist es schon längst nicht mehr das Buch, das als Ratgeber herangezogen wird, sondern die Whatsapp-Gruppe oder die Einflüsterungen irgendwelcher Influencer. Der Erziehungsratgeber im Nationalsozialismus war Johanna Haarer: „Die deutsche Mutter und ihr erstes Kind." Das war ein systematischer Versuch, eigene Empfindungen und Erfahrungen der Mutter durch nationalsozialistische Entfremdungen zu überdecken. Heute ist es der Youtube-Kanal, in dem der Zeitgeist seine Schneisen in das Leben junger Mütter schlägt. Und es sind – so resümiert Charles Eisenstein – nicht nur die überlebenswichtigen Funktionen, die durch Dienstleistungen überwuchert werden, sondern Stück für Stück werden alle Bereiche des Lebens kommerziell unterminiert: Wie geht gutes Leben? Wie werde ich ein richtiger Mensch? Wenn du keine Musik selbst machst, lade sie von Spotify herunter. „Selbst ökologische Dienstleistungen werden etwas, was man kaufen kann. Und damit verschwindet alles, was das Leben reich macht. Was man dagegen tun kann? Es geht darum, die verlorenen Beziehungen wiederherzustellen, wieder zu entdecken, wieder zu beleben. …“[107] Die Orientierung an Privilegien muss auf den Kopf gestellt werden und ersetzt werden durch ein wachsendes Wissen darüber, was das Leben wirklich reich macht, wie gutes Leben möglich wird. Es ist an der Zeit darüber nachzudenken, wie wir wieder reich werden, nicht reich an Dienstleistungen, sondern beziehungsreich. Das geschieht, indem wir die verlorenen Beziehungen wieder in ihre Rechte einsetzen.

Wie kommt es zu dieser Perversion, die eine solche Gefangenschaft in der Dienstleistungsgesellschaft hervorbringt? Die gängige und wohl auch stimmige Kurzantwort ist: Das hat seine Ursache im Kapitalismus. Ivan Illich hat eine ganz andere, eine sehr abgründige, eine kluge und wahrscheinlich auch richtige Erklärung dazu formuliert. Sie ist vereinbar mit dem Hinweis auf den Kapitalismus als Ursache für die Vergeldlichung unserer Beziehungen, aber sie geht darüber hinaus. Er sagt, dass der Priester „der Vorläufer des modernen Dienstleisters ist und die Kirche damit verantwortlich wird für die Idee, dass es Bedürfnisse gebe, die allen Menschen gemein sind und die nur durch die Dienstleistungen von professionellen Handlungsbevollmächtigten zu befriedigen sind.“[108] Es ist nicht einfach, sich den Verlust zu vergegenwärtigen, der uns droht, wenn aus der persönlichen Fürsorge erst einmal eine käufliche Ware geworden ist. Was passiert, wenn wir uns die Institutionen, an die wir uns gewöhnt haben, wegdenken? Wir erwarten und befürchten: ungebändigtes Chaos, unbehandelten Schmerz, Hunger, Durst, Kälte, Verlassenheit. Diese Furcht ist nicht unbegründet. Nur, wenn wir uns daran erinnern, dass es Fähigkeiten gibt, die wiederzuentdecken sind, Erkenntnisse und Begegnungen, die unter professioneller Fürsorge wie unter einer nassen Wolldecke erstickt wurden, können wir eine Ahnung von der Möglichkeit der Befreiung bekommen, die uns blühen könnte. Diesen kapitalistischen Weg in die entfremdende Dienstleistungsgesellschaft konnten wir wohl nur gehen, weil wir jede Beziehung zu dem, was über uns hinausweist abgetötet haben. Wir sind metaphysisch obdachlos gewordene Menschen, Menschen, die in eine radikale Diesseitigkeit eingesperrt sind wie in ein großes Lager. In diesem rationalistischen Ghetto werden wir mit immer neuen Angeboten der Versorgung bombardiert, die uns davon ablenken sollen, dass wir die Empfindsamkeit für Transzendenz, für das ganz andere, verloren haben. Nur, weil wir das, was unsere Vorfahren ‚Jenseits' genannt haben, weggeschnitten haben wie ein Geschwür, nur deshalb können wir die willfährigen Opfer der Dienstleistungsgesellschaft werden.

Darf man Angst haben vor dem Kollaps der Dienstleistungen?

Wenn wir es wagen wollten, uns aus dem Watteknast der Dienstleistungsgesellschaft zu befreien, dann sind wir mit unseren Ängsten konfrontiert. Man kann die Dienstleistungsgesellschaft auch lesen als einen großangelegten Versuch, die Angst vor den Unsicherheiten, denen wir als Lebewesen ausgeliefert sind, zum Schweigen zu bringen. Sie trainiert uns die Angst ab, sie nimmt ihr die Sprache, sie betäubt sie und schafft sie aus der Welt. Wenn wir uns aus dem Korsett der Dienstleistungszwangsgesellschaft befreien, dann kommt die Angst und zugleich können wir begreifen, dass wir auf unserem Recht auf Angst bestehen müssen. Es gibt eine Angst, die überhaupt erst die Türen zur Freiheit sichtbar macht. „Der Anspruch darauf, in dieser Angst bestehen zu dürfen, ist im Menschenrecht verankert."[109] Science-Fiction-Romane und -Filme schildern ja oft eine Welt perfekter Kontrolle, totalitärer Dienstleistungen und der Abwesenheit von Leiden, Schmerz, Angst: George Orwells „Schöne neue Welt" erschien 1949 und zeichnet das Bild eines totalen Überwachungsstaats. In zeitlicher Nähe, nämlich 1948, wurde der utopische Roman des US-amerikanischen Psychologen B. F. Skinner „Walden II" publiziert. Methoden der Verhaltensmodifikation stehen im Zentrum des Romans. Die systematische Veränderung von Umweltvariablen führt in dieser Utopie zu einem soziokulturellen System, das eine ‚ideale Gesellschaft' entstehen lässt, in der die Gemeinschaft funktioniert – weil alle in ihrem Verhalten hinreichend gesteuert sind. Es ist der reine Schrecken einer totalen Entfremdung. Ray Bradbury hat ebenfalls einen dystopischen Roman geschrieben, der 1953 erschien. Er trägt den Titel „Fahrenheit 451". Das soll die Selbstentzündungstemperatur von Papier sein. In dem Roman wird ein Staat geschildert, in dem es ein Verbrechen ist, Bücher zu besitzen oder zu lesen. Es ist die Aufgabe der Feuerwehr, Bücher aufzuspüren und zu verbrennen. Besitzer von Büchern werden gesucht, gefangen und getötet. Solche Dystopien leben eigentlich von der Beschreibung der Perversion von Dienstleistungen, die im Wesentlichen als Elemente der Überwachung, der Manipulation und der Kontrolle beschrieben werden: In Fahrenheit 451 ist es der Feuerwehrmann, der das Feuer nicht löscht, sondern es entzündet. Die Bevölkerung wird unablässig beschäftigt und so daran gehindert, selbständig zu denken. Zum Beispiel gibt es Fernsehshows, die über Videoleinwände in die heimischen Wohnzimmer gebracht werden, und an denen sich die Zuschauer beteiligen können. Um selbständiges Denken zu verhindern, werden die Menschen unablässig seicht unterhalten und mit Lappalien beschäftigt.

Kurz: Die dystopischen Dienstleistungsgesellschaften decken Ängste zu und sichern ihre Herrschaft zugleich durch Praktiken der Herstellung von Angst. Sie organisieren einen perfekten Servicealltag, der alle Ängste überdeckt und infizieren zugleich alle mit der Angst vor Abweichung. Haben wir es nicht alle gelernt, in einer Art „Warenangst" zu leben? Wir versichern uns gegen alle denkbaren Risiken, wir sind abhängig von der Belieferung mit Waren, mit Dienstleistungen, mit Sicherheitspolicen. Eben das heißt aber, dass unsere Ängste verwaltet werden. „Die Warenangst drängt die sorgende und wagende Lebensangst aus dem Bereich der Öffentlichkeit. Die Angst, nicht beliefert, beschützt zu werden, monopolisiert den Spielraum der Angst."[110]

Ivan Illich erzählt von seinen mexikanischen Nachbarn, die noch keine Angst haben, nicht rechtzeitig in die Klinik zu kommen oder aus der Schule geworfen zu werden oder ihre Anstellung zu verlieren oder arztlos zu sterben. Warum? Weil sie den Gynäkologen nicht brauchen, denn sie können gebären. Das Schulzeugnis hat im Dorf keinen Wert, deswegen ist die Schule nicht so wichtig, wie sie bei uns inzwischen ist. Und sie ernähren sich aus dem selbst Angebauten. Natürlich schwindet diese Welt mit großer Geschwindigkeit, aber es ist wichtig, sie in Erinnerung zu behalten. Bei industrialisierten Menschen überschattet die Angst um die Bedrohung des Verbrauchs alles. In diesem mexikanischen Dorf gründen die Menschen ihr Leben auf das, was sie selber schaffen und nicht auf das, was für sie angeschafft wird (Illich). „Organisierte Sozialbereiche und Leidensverwalter" versorgen im Industriesystem mit Dienstleistungen und sie ersetzen das, was einmal als Geborgenheit empfunden wurde. Aber alle diese Versicherungspakete, die die Dienstleistungsgesellschaft verteilt und zur Verfügung stellt, können doch nicht verhindern, dass sich die alten Ängste Gehör verschaffen: die Angst vor Einsamkeit, die Angst vor der Schwermut (die wir „Depression" nennen), die Angst vor dem Verlust des Verstandes, die wir „Demenz" nennen oder die Angst vor dem Tod. Es geht darum, den Mut zu haben, mit den nicht versicherbaren und verwaltbaren Ängsten zu leben. Das ist eine ungeheuer schwierige Aufgabe, die uns aus den Lücken, die die Dienstleistungsperfektion doch immer wieder lässt, anschaut. Und lockt. Und befreit. Die Frage nach den Dienstleistungen und ihren Krisen kommt so locker daher. In Wirklichkeit bringt sie das zentrale Thema auf den Tisch: Die Frage, ob wir unser Leben verspielen oder es zu leben wagen.

Wo Dienstleistungen noch funktionieren

Zoraya ter Beek ist 29 Jahre alt leidet an einer chronischen Depression, an Angstzuständen und an Persönlichkeitsstörungen. Sie lebt in den Niederlanden. Im Mai 2024 hat sie den Bescheid erhalten, dass ihrem Wunsch entsprochen wurde, ihrem Leben durch assistierten Suizid ein Ende zu setzen. Dreieinhalb Jahre hat sie darum gekämpft. Dass Euthanasie oder assistierter Suizid bei Menschen zugelassen wird, die an psychischen Problemen leiden, ist umstritten. Die Zahl der Menschen, die an psychischen Problemen leiden und deren Euthanasiewunsch akzeptiert wurde, steigt. Das waren 2023 bereits 138 Fälle – das sind 1,5 % der 9.068 Euthanasiefälle in den Niederlanden. Diskutiert wird auch die Frage, ob Menschen mit Behinderungen unter Sterbe-Druck geraten. Ter Beek durchlief viele

Therapien, so zum Beispiel 30 Sitzungen mit Elektroschockbehandlungen (ECT). Es wurde bei ihr auch Autismus diagnostiziert. Sie sagt: Ich war lange auf einer Warteliste für die Zulassung (assessment), weil es so wenige Ärzte gibt, die bereit sind an einem assistierten Suizid für Menschen mit psychischen Problemen mitzuwirken." An dem festgesetzten Tag wird das medizinische Team zu Ter Beek nach Hause kommen. Sie wird sedierende Mittel bekommen, wenn sie im Koma ist, werden ihr die Mittel verabreicht, die dafür sorgen, dass ihr Herz stehen bleibt. „Es wird für mich sein, als würde ich einschlafen, mein Partner wird da sein, aber ich habe ihm gesagt, dass es ok sei, wenn er den Raum verlässt, bevor der Tod eintritt. „[111]

Es ist nicht leicht, mit einer solchen Geschichte umzugehen. Klingt das nicht schön? „Es wird für mich sein, als würde ich einschlafen." Kein Todesröcheln, keine schmerzverkrampften Zuckungen. Wer wollte da Einwände wagen? Mir bleibt das Gefühl, dass hier eine uralte Grenze überschritten wird. Nicht so sehr dadurch, dass jemand seinem Leben ein Ende setzt. Unheimlich ist, dass es im medizinisch-technogenen Milieu geschieht. Ein Ärzteteam, das den Medizid durchführt, ist die logische letzte Konsequenz eines entfesselten Gesundheitsapparates, dem eine systematische Entmündigung der Menschen, die tendenziell alle zu Kunden der Medizin werden, zugrunde liegt? „Die etablierte Medizin hat sich zu einer ernsten Gefahr für die Gesundheit entwickelt. Die lähmenden Folgen einer von professionellen Standesorganisationen ausgeübten Kontrolle über das Gesundheitswesen erreichen mittlerweile die Ausmaße einer Epidemie. Der Name dieser neuen Epidemie ist ‚Iatrogenesis', hergeleitet von ‚iatros', dem griechischen Wort für Arzt, und ‚genesis', Ursprung."[112] Die Diskussion über den krankmachenden medizinischen Fortschritt hat Ivan Illich in den 1970er Jahren ausgelöst – dieser ‚Fortschritt' findet seinen vorläufigen Höhepunkt und Abschluss in dem Akt, der von Ter Beek beschrieben wird: Die Lieferung medizinischer Dienstleistungen schließt in letzter Konsequenz die Lieferung der zur Ware gewordenen Dienstleistung „Tod" ein. Die Monopolisierung dessen, was einmal Gesundheit war, durch die medizinische Zunft vollendet sich in der Euthanasie. Schmerz, Schwäche und Tod sind nicht mehr eine Herausforderung für den einzelnen, sondern ein technisches Problem.[113]

Autonomes Sterben als Dienstleistung

Seit Monaten wird im Bundestag immer wieder die Frage diskutiert, wie die Ausführungsbestimmungen für den assistierten Suizid in Deutschland aussehen sollen. Das ist ein Ausdruck für die Krise der Dienstleistungsgesellschaft und zugleich der absurde Höhepunkt dieser Krise. Wie fast überall, so steht auch hier im Zentrum nicht die Frage, „Warum" machen wir das, sondern „Wie" machen wir es. Und wir können uns für die Not eines Menschen, wie die Not dieser jungen Frau aus den Niederlanden, keine andere Lösung mehr vorstellen als eine medizinische. Wir sind blind geworden für alle Formen des individuellen und sozialen Umgangs mit den Schmerzen dieser Welt. Und so ist es uns ganz selbstverständlich geworden, dass der Schmerz der Frau ter Beek eine medizinische Dienstleistung heraufbeschwört. Wer diesen Automatismus in Frage stellt, fällt aus der Welt, in der wir leben, heraus. Ich lese gerade den Satz, den ich mir irgendwann aufgeschrieben habe, ohne dass ich weiß, ob ich ihn irgendwo gelesen habe oder er mir eingefallen ist: „Die Liebe ist der Schmerz des Lebens". Ein Schlag ins Gesicht der Funktionärsmedizin. Und vielleicht eine Erinnerung daran, dass es darum geht, an den Gittern unseres Zeitgefängnisses zu rütteln, um das Leben und die Liebe nicht aus den Augen zu verlieren – noch einmal Ivan Illich: „Das Lechzen nach immer mehr und immer kritischer geprüfter medikalisierter Lebenshilfe untergräbt würdiges, sinnvolles Leben, Leiden und Sterben."[114] Das Leiden der Zoraya ter Beek ist bewegend. Es findet eine medizinische Antwort. Die Frage nach den gesellschaftlichen Bedingungen, die diese Leiden haben entstehen lassen, taucht überhaupt nicht mehr auf, weil diese Frage ausgelöscht ist. Dass man in „Krankheit, auch wenn sie durch medizinische Intervention entstellt ist, einen Protest gegen die bestehende Gesellschaftsordnung erkennen" kann, hat Jean-Claude Polack gewagt zu behaupten. Die Aussage wirkt heute schon fast wie eine Verrücktheit. Aber vielleicht ist die Frage ein inzwischen zwar verpöntes, aber doch interessantes Instrument, um unsere gewohnten Betrachtungsweisen auf den Kopf zu stellen?[115]

Das Bundesverfassungsgericht hat 2020 entschieden, dass es ein Recht auf assistierten Suizid gibt. Die Begründung ist interessant: Es entspreche den Autonomieansprüchen der Menschen in der Bundesrepublik Deutschland. Merke: Das Individuum, das Einzelwesen, ist es, dem das

Recht zugesprochen wird. Die Gesellschaft, die Gemeinschaft, die Kultur, aus der wir kommen, kommt in der Begründung nicht vor. Das Bundesverfassungsgericht beschließt die Einführung einer medizinischen Dienstleistung. Keine Frage: auf dem Programm steht eine staatlich finanzierte und geregelte, eine qualitätsgesicherte Dienstleistung. Sie wird etabliert als eine Option für autonomes Sterben, das das mündige Individuum als Dienstleistung wählt und in Anspruch nimmt. Wer könnte übersehen, dass diese Dienstleistung einer neoliberal geprägten Gesellschaft entspricht, die Nützlichkeiten abzuwägen lehrt? Die heimliche Frage lautet: „Lohnt sich dieses Leben noch?" Das Lebensende ist heute – aus der Sicht der Krankenkassen – der teuerste Lebensabschnitt. In Pflegeheimen dämmern zahllose Greisinnen und Greise ihrem Ende entgegen. Sie sagen (fast) alle: „Ich will niemandem zur Last fallen." Ist der assistierte Suizid nicht die naheliegende Antwort auf diesen Wunsch, niemandem zur Last zu fallen? Die Dienstleistung assistierter Suizid bereitet die Antwort auf dieses „Problem" vor. Ja, da müssen eine Reihe von Ärzten das Töten lernen, um dem gesellschaftlichen Wunsch und dem Urteil des BVG Geltung zu verschaffen. Natürlich ist zu hoffen, dass diese Dienstleistung dann auch klappt und nicht über Fälle zu berichten sein wird, wo der assistierte Suizid nicht richtig funktioniert. So soll es aber bitte mit dieser neuen Dienstleistung nicht gehen, dass sie auch vom Krisenmodus angesteckt wird und nicht funktioniert … Man kann sich den Tod ins Haus bestellen, die medizinische Wissenschaft wird um perfekte Sterbetechniken zu erweitern sein und allen steht dann die Möglichkeit offen, sich von Schmerz, Angst, Leiden erlösen zu lassen. Die Menschen, die sich als eine Last empfinden, werden sich abschalten lassen können: Selbstbeseitigung.[116] Ivan Illich hat sich mit aller Klarheit dazu geäußert. Er spricht über eine Gesellschaft, die von der Idee der „amortality", der Un-sterblichkeit besessen ist. „Ich bin jemand, der sterben möchte (und nicht euthanisiert werden will) und ich möchte diesen Wunsch in der Gegenwart anderer erfüllt sehen. Ich möchte sterben und nicht mich einem Medizid unterwerfen. Und um das zu verwirklichen, brauche ich eine Aufstellung der Faktoren, die geeignet sind, meine eigene Annäherung an meinen Tod zu verhindern." Das ist – so Ivan Illich – ein „asketisches Projekt", das es mir möglich machen soll, meine eigene Annäherung an den Tod zu zelebrieren."[117]

Kriegstüchtige Dienstleistungen

Schaut man auf die Bemühungen um den assistierten Suizid, könnte man den Eindruck bekommen, dass nur am Rande der Gesellschaft Dienstleistungen noch neu erfunden werden und auch funktionieren. Die Bundeswehr gehörte ja lange Zeit auch zu den Sorgenkindern der Dienstleistungsbranchen: ein Heer, in dem die Panzer nicht fahrtüchtig sind, eine Luftwaffe, deren Flugzeuge und Helikopter am Boden bleiben müssen. Und dann kam das 100 Milliarden umfassende Sondervermögen für die Bundeswehr, es kamen ein neuer Minister und eine neue Stimmung, der neue Minister will die Bundeswehr kriegstüchtig machen.

„Vielleicht wird es der späte Historiker noch rätselhafter finden als wir Zeitgenossen, dass, obwohl allmählich jedes Kind wusste, dass man vor Kriegen stand, die auch für den Sieger das entsetzlichste Leiden mit sich brachten, dennoch die Massen nicht etwa mit verzweifelter Energie alles unternahmen, um die Katastrophe abzuwenden, sondern auch noch ihre Vorbereitung durch Rüstungen, militärische Erziehung usw. ruhig geschehen ließen, ja sogar unterstützten." Das schrieb Erich Fromm 1937 in seinem Aufsatz „Zum Gefühl der Ohnmacht".[118] Die Bedrohungen von 1937 und die von 2024 sind nicht vergleichbar. Aber eine große Zahl von Menschen in Deutschland fürchtet einen dritten Weltkrieg, fürchtet, dass Deutschland Teil eines europäischen Krieges werden könnte. Friedensorientierte Stimmen werden im gleichen Atemzug, in dem Kriegstüchtigkeit propagiert wird, desavouiert. Sascha Lobo spricht im Blick auf die Friedensbewegung in Deutschland, die ohnehin nur noch aus kläglichen Resten besteht, wie bereits angesprochen von „Lumpen-Pazifismus".[119] Die FDP-Bildungsministerin Stark-Watzinger fordert Zivilschutzübungen und Vorbereitung auf den Kriegsfall in Schulen. Immerhin erklärte der bildungspolitische Sprecher der Unionsfraktion, Thomas Jarzombek: „Wir müssen unsere Kinder schultüchtig machen und nicht kriegstüchtig." Jedes vierte Kind lerne in der Grundschule nicht richtig lesen und schreiben.[120] Es wird interessant, wenn eine kriselnde Dienstleistungsbranche (die Schule) mit einer anderen (Bundeswehr) in Konkurrenz gerät. Sicher sind unterschiedliche Ansichten im Blick auf Deutschlands Engagement im Ukrainekrieg möglich. Und es ist keine Frage, dass der Angriff auf die Ukraine von Wladimir Putin ausging. Aber warum gibt es keine starke europäische Friedensbewegung? Die Antwort liegt auf der Hand: Die Dienstleistungsgesellschaft hat uns unserer eigenen Kräfte beraubt, wir haben uns unmündig gemacht. Vielleicht helfen nur die Erinnerungen der letzten Überlebenden des Zweiten Weltkriegs, die es in Deutschland noch gibt. Können sie ein Zögern, ein Innehalten in dem Prozess bewirken, der uns in eine kriegsorientierte Dienstleistungsgesellschaft treibt, bei der die Zigtausend Tote auf beiden Seiten, in der Ukraine und Russland, ihr Gesicht verlieren und ihr ungelebtes Leben weggewischt wird?

Ich erinnere an das Manifest der Achtzigjährigen, das die Stimme der Kriegskinder zum Krieg in der Ukraine zu Gehör zu bringen versucht. Das Manifest beginnt mit einem Gedicht von Matthias Claudius.

„O Gottes Engel wehre und rede Du darein!

S'ist leider Krieg, und ich begehre

Nicht Schuld daran zu sein.

Was sollt ich machen, wenn im Schlaf mit Grämen

Und blutig, bleich und blass,

Die Geister der Erschlagnen zu mir kämen,

Und vor mir weinten, was?"

Und dann heißt es: „Unsere Stimme wird in dieser Abenddämmerung unseres Lebens leiser. Das Leise-Werden gebührt uns, es gehört zu den Tugenden des Alters. Was uns nicht gebührt, ist, dass wir resigniert verstummen. Denn wir sind Euch Jüngeren schuldig, dass wir den Mund aufmachen, nicht um Euch zu beruhigen, sondern um Euch zu beunruhigen; und wir sprechen zu Euch, nicht weil wir vor Altersweisheit strotzen, sondern weil wir die Erfahrung des Krieges, die sich uns in den Bombennächten einprägte, ein Leben lang mit uns herumgetragen haben. Das Wort ‚Krieg' ist in aller Munde, und es ist beängstigend, wie geschmeidig es sich in das tägliche Sammelsurium der Nachrichten einfügt, als sei ‚Krieg' ein Gegenstand wie jeder andere.

Unsere Vorstellungen vom Krieg entstehen nicht aus den wirkmächtigen Bildern, die uns auf unseren kleinen und großen Bildschirmen aufgetischt werden. Sie tauchen, ob wir wollen oder nicht, auf aus unseren leibhaftigen Erinnerungen und können nicht Ruhe geben: Das Heulen der Sirenen, das die Bomben ankündigte, die Trümmer ein paar Häuser weiter, in denen wir bei Strafe nicht spielen durften wegen der Blindgänger und der Einsturzgefahr; die Bunker, in die wir beinah jede Nacht gebracht wurden und in denen wir dichtgedrängt beieinander saßen; das Entsetzen, wenn nahebei eine Bombe niederging und der ganze Bunker wackelte; und die Finsternis, wenn das Licht erlosch und nur noch ein auf die Wand aufgetragenes Phosphorquadrat eine Illusion von Licht aufrechterhielt; die Sorge, ob das Haus, in dem wir wohnten, noch stand, wenn wir nach dem Bombenangriff aus dem Bunker ‚nachhause' gingen; das Kind, das sich in panischer Angst mit Händen und Füßen dagegen wehrte, die Gasmaske aufzuprobieren und die Mutter, die nicht vermochte, ihrem Kind um seiner Sicherheit willen diese Gewalt anzutun; der Hunger, der wehtat; und die Rivalität der Geschwister um das karge Brot; die Frostbeulen, die juckten, aber nicht gekratzt werden durften, weil sie nicht heilten.

Unsere Erfahrung vom Kriegsgeschehen reicht über die Kindheitserlebnisse nicht hinaus, aber das genügt, um uns mit den getöteten, verwundeten und verängstigten Kindern in der Ukraine verbunden zu fühlen und es macht es uns unmöglich, über ihre Leiden hinwegzusehen. Je länger dieser Krieg dauert, desto mehr wird ihr Leben von ihren Kriegserfahrungen beherrscht sein, sie werden, wie wir, Kriegskinder sein. Sie haben keine Stimme, um das Schweigen der Waffen und den Weg der Verhandlungen einzufordern. Wir tun das an ihrer Statt, und wir tun es auch um unserer eigenen Angst vor einer nuklearen Eskalation willen, für die niemandes – wirklich niemandes – Vorstellungsvermögen reicht.

Wir fürchten uns vor den Furchtlosen, die erst den Krieg gewinnen wollen, um dann Frieden zu machen. Aber Sieg reimt sich mit ‚Krieg', nicht mit ‚Frieden'. Der Frieden unterstehe uns nicht, sagt Eugen Rosenstock-Huessy: ‚Er ist nur dem verheißen, der sich nach ihm sehnt. Das begreift kein Planer. Trotzdem ist es wahr: Friede ohne vorhergehende Sehnsucht kann nicht kommen.' Und er fügt hinzu: ‚Wo die Menschen sprachlich veröden, droht Krieg. Kalter Krieg meinetwegen. Aber Friede heißt miteinander sprechen.‘

Woher soll die Friedenssehnsucht aber kommen in unserem Land? Die jesuanische Botschaft von der Feindesliebe, die Gewaltlosigkeit, der Gandhi mit dem Salzmarsch ein politisches Gesicht gab, der zivile Ungehorsam, zu dem Martin Luther King die Unterdrückten ermutigte. Aber auch der Pazifismus Albert Einsteins, Bertrand Russels, Dietrich Bonhoeffers und der vielen namenlosen Anderen, die sich ihnen anschlossen und dafür einstanden, oft mit ihrem Leben, wird mit einem Handstreich für erledigt erklärt; und, statt dass ihre Geschichten erzählt werden, werden sie in die Rumpelkammern der Geschichte befördert; mitsamt der ‚Bergpredigt‘, die uns eindringlich ermahnt, alles stehen und liegen zu lassen und der Versöhnung mit dem verfeindeten Nachbarn Vorrang vor allem anderen zu gewähren.

Es ist schlecht um die demokratische Zukunft eines Landes bestellt, in dem die ‚Wortemacher des Krieges‘ (Franz Werfel), das Sagen haben. Sie nennen diejenigen, die Bedenken tragen gegen den Einsatz von immer mehr Waffen, verächtlich Zauderer; diejenigen, die Kompromisse erwägen, werden als Verräter gebrandmarkt, die Vorsichtigen nennen sie feige, die Besorgten schwächlich und die Pazifisten traumduselig, verrückt oder gefährlich. Wirklich gefährlich ist die viel beschworene ‚Geschlossenheit‘, die alle zu Meinungskomplizen macht. Ohne Gegenstimmen, die sich auch Gehör verschaffen können, gibt es keine Demokratie. Auf eine bestürzende Weise vergehen sich die einflussreichsten Medien an ihrer Informations- und Berichterstattungspflicht und betätigen sich als Meinungsmacher und Volkserziehungsagenturen zur Herstellung der großen Einhelligkeit. Unablässig bestärken sie die Ansicht, dass das ganze Gute auf unserer Seite, der Seite der westlichen Allianz, ist und das ganze Böse jenseits der Demarkationslinie. Versöhnung aber beginnt damit, den eigenen Anteil daran, dass es so weit hat kommen können, redlich zu erforschen und dann auch zu bekennen. Der Papst hat zu Beginn des Krieges die Frage aufgeworfen, ob der völkerrechtswidrige Angriff auf die Ukraine etwas zu tun habe mit dem ‚Bellen der NATO vor den Türen Russlands‘ Er hat dafür einen Sturm der Empörung geerntet. Aber nicht diese Frage ist gefährlich für den Bestand der westlichen Demokratien, sondern ihre Unterdrückung.

‚Die Suche nach Wahrheit kann nur gedeihen auf dem Nährboden gegenseitigen Vertrauens.' (Ivan Illich) Es macht das Wesen des Vertrauens aus, dass es nur dann entstehen und sich bewähren kann, wenn man es wagt. Und die Frage, wer den ersten Schritt tun muss, stellt sich nicht. Es kommt nur darauf an, dass er getan wird."[121]

Sind wir auf dem Weg zu einer toten Gemeinschaft?

Gegenwärtig ärgern wir uns vielleicht immer wieder am Scheitern der Dienstleistungsgesellschaft, ob es nun die Bahn, die Schule, die Bedienung im Restaurant oder die Handwerker sind. Die beiden Beispiele, der assistierte Suizid und die „Modernisierung" der deutschen Dienstleistungsgesellschaft in Richtung Kriegstüchtigkeit, bringen bemerkenswerte neue Akzente in diese Dienstleistungsgesellschaft. Die Feier des Lebendigen tritt zugunsten des Blicks auf das technogene Milieu zurück, das zu unserer Heimat werden soll.

Vielleicht muss man deshalb den Blick auf die Dienstleistungsgesellschaft noch einmal um die Perspektive Erich Fromms erweitern? Er spricht in seinem Buch über die „Anatomie der menschlichen Destruktivität" vom nekrophilen Charakter. Die Nekrophilie definiert er als „das leidenschaftliche Angezogenwerden von allem, was tot, vermodert, verwest und krank ist; sie ist die Leidenschaft, das, was lebendig ist, in etwas Unlebendiges umzuwandeln; zu zerstören um der Zerstörung willen; das ausschließliche Interesse an allem, was rein mechanisch ist. Es ist die Leidenschaft, lebendige Zusammenhänge zu zerstückeln."[122] Folgt die Dienstleistungsgesellschaft einem Bogen, der von dem, was wir selbst können, bis in eine Gegenwart reicht, in der die Dienstleistungsgesellschaft zu einem Ort des Unlebendigen wird, deren nekrophile Neigungen von Tag zu Tag sichtbarer werden? Eugen Drewermann sagt: „Es kostet in unseren Tagen Mut, auch nur entfernt daran zu denken, aus prinzipiellen Gründen gegen Krieg und Kriegsvorbereitungen zu sein." Und er zitiert den Papst Franziskus, der gesagt hat: „Jetzt gehen sie wieder hin und ermorden ihre Brüder." Genau das ist Krieg. „Sieht man dem Menschen in die Augen, kann man ihn nicht mehr töten."[123] Die Dienstleistungsgesellschaft, die sich als das Nest der Wohlstandsgesellschaft konstituiert hat, wird nun von denen in Anspruch genommen, die den Eindruck haben, dass Kriegsbereitschaft unvermeidlich ist. Charles Eisenstein hat diese Kriegsmentalität beschrieben und analysiert: „Die Kriegsmentalität sättigt unsere polarisierte Gesellschaft, die den Fortschritt als eine Folge des Sieges betrachtet – des Sieges über ein Virus, über die Unwissenden, über die Linke, über die Rechte, über die psychopathischen Eliten, über Donald Trump, über die Vorherrschaft der Weißen, über die liberalen Eliten. Jede Seite gebraucht dieselbe Formel, und diese Formel braucht einen Feind. Folglich teilen wir uns pflichtgemäß auf in „wir" und „die anderen", und verbrauchen 99 Prozent unserer Energieressourcen in einem fruchtlosen Tauziehen, ohne je in Betracht zu ziehen, dass das eigentliche Böse vielleicht diese Formel selbst sein könnte."[124] Es ist inzwischen schwierig geworden, die Dienstleistungsgesellschaft vor diesem Irrweg zu bewahren. Vielleicht sind wir längst in Hort Town angekommen? Ursula K. Le Guin, die amerikanische Autorin, hat in ihrem Roman „The Farthest Story", dem dritten Teil des Romanzyklus „Earthsee" von einem Loch in der Welt gesprochen. Durch dieses Loch wird alle Freude der Welt, alle Vitalität und alle Zauberei herausgesogen. Es wirkte – so erzählt Le Guin – als würde die Stadt Hort unter einem Fluch leiden. Es schien, als würde alles Gute aus der Stadt verschwinden. Eine Art Krankheit verbreitete sich, die jeden Besucher der Stadt infizierte. Die Straßen und Plätze der Stadt waren mit Aktivität und Geschäftigkeit erfüllt, aber es gab keine Ordnung mehr und keinen Wohlstand. Die Leute schienen trotz ihrer rastlosen Geschäftigkeit ziellos umherzuirren. Es sah so aus, als wenn die Handwerker keine Lust hatten zu arbeiten. Sogar die Diebe stahlen nur, weil es das Einzige war, was sie zu tun verstanden. Die Ursache all dieser Probleme war ein böser Zauberer namens Cob, der die Absicht verfolgte, den Tod zu besiegen und unsterblich zu werden. Das führte dazu, dass die Sicherheitssucht der Menschen und ihr Egoismus ins Ungemessene stiegen. Cobs Motiv ist – so die Autorin Le Guin – die Ursache alles Bösen. Die Absicht, den Tod zu überwinden, schließt die Absicht ein, dass ICH für alle Zeiten zu bewahren und das ist der Inbegriff der Selbstsucht. Man muss folgern: Das heimliche Ziel einer Dienstleistungsgesellschaft muss immer sein, dass sie wächst und dass sie perfektioniert wird und dass sie kein Ende hat. In die Idee der Dienstleistungsgesellschaft ist der Gedanke an ihre Unendlichkeit – ihre Unsterblichkeit – unwiderruflich eingebaut. Und deshalb kann uns das zustoßen, was in der Stadt Hort geschieht: Dass die Lebendigkeit, der Sinn, die Gemeinschaftlichkeit ausradiert werden. Und vielleicht haben wir das schon hinter uns? So wie in der fiktiven Stadt Hort die Dinge unter ihrer Oberfläche nicht wirklich real zu sein scheinen, sondern die Realitäten in Hort leer sind, ohne Wärme oder Farbe oder Ton. Der Wunsch, über endlosen Reichtum zu verfügen, unzerstörbare Sicherheit zu erlangen und Unsterblichkeit zu ergaunern, entstammt der Gier, einer Gier, die die Menschen zu Zombies macht. Die radikalisierte Dienstleistungsgesellschaft ist eine Gesellschaft, die von Zombies besiedelt ist. Leben heißt in Beziehung sein. Le Guin schreibt: „Es gibt keine Sicherheit, und es gibt kein Ende. Das Wort muss in Stille gehört werden; es braucht Dunkelheit, damit man die Sterne sieht. Der Tanz wird immer über der Leere getanzt, über dem furchtbaren Abgrund."[125]

Die verlassene Erde, von Buchstaben überlastet, in Kenntnissen erstickt, und kein lebendes Ohr mehr auf ihr, das in die Kälte horcht.

ELIAS CANETTI 1945[126]

Was kommt nach der Wohlstandsgesellschaft?

Entprofessionalisierung: Was wir alles selbst können

Hermine und ihr Zahn – kein Gedanke an Dienstleistungen

Hermine hat nur noch einen Zahn. Sie ist 1916 geboren – ist also jetzt, im April 2024,108 Jahre alt. Sie wundert sich, warum ihr dieser Zahn geblieben ist. Sie wohnt in Namibia und ist das lebende Beispiel für eine Existenz vor, neben und außerhalb der Dienstleistungsgesellschaft. Den Namen „Hermine" hat sie vor langer Zeit von der weißen Regierung bekommen, der ursprüngliche Name mit seinen Click- und Schnalzlauten war der weißdominierten Verwaltung ein Dorn im Auge. Deswegen wurde ihr kurzerhand „Hermine" zugeordnet. Mein Besuch bei ihr im April 2024 führt vor Augen, dass die exzessive Dienstleistungsgesellschaft, an die wir Mitteleuropäer uns gewöhnt haben, ein Sonderfall in der Geschichte der Menschheit ist. Deren Anfang und Ende führt der Besuch bei Hermine vor Augen. Hermine in ihrer Hütte, umgeben von Kindern, Enkeln und Urenkeln erscheint uns, den Besuchern, wie ein Sonderfall menschlicher Existenz. Tatsächlich sind wir der Sonderfall, während in ihr, in Hermine, sichtbar wird, was die gewöhnliche, normale menschliche Existenzform war – und im Blick auf die acht Milliarden Menschen auf dem Planeten noch ist. Die Mehrheit der Menschen hat allenfalls periphere Berührungen mit der Dienstleistungsgesellschaft. Sie kann sie sich nicht leisten, es gibt sie für sie nicht und überraschenderweise zeigt sie sich als etwas, was nicht wirklich gebraucht wird. Die langen Tentakel dieser Dienstleistungsgesellschaft werden allenfalls in den löchrigen T-Shirts der Kinder (goldene Herzchen auf ehemals weißem Grund zum Beispiel) sichtbar, die aus den Bergen industrieller Wegwerfkleidung in diese Hütte geraten sind. Diese Hütte liegt in einer Steinwüste, irgendwo zwischen Twyfelfontein und Khorixas, und sie besteht aus rostigen Blechteilen, Plastikplanen, Autoreifen, Holzstücken und Lehm. Hermine und ihre Müllhütte stehen für ein Wohnen, das für die Mehrzahl der Menschen auf dem Planeten der Normalfall ist – und Hermine lässt uns Menschen aus der Dienstleistungsepoche zu einer merkwürdigen Existenzform werden, der in der Geschichte des homo sapiens überraschend auftritt, um vielleicht ebenso überraschend wieder zu verschwinden. Hermines Zahn und Hermines Frage: Sie stehen für eine Existenz, die nicht nach dem fragt, was sein könnte, sondern nach dem, was ist. Keine Prothese und kein Implantat stehen zur Debatte, sondern der Zahn, der geblieben ist, wirft Fragen auf. Es ist ein Denken und Fühlen, das von der Zwangsidee der Entwicklung frei ist. Alles in dieser Hütte, von der staubig-grünen Plastikflasche bis zur roten Plastiksonnenbrille, entstammt dem Müll der Wegwerfgesellschaft. Diese Hütte wirkt geradezu wie eine Endmoräne, die den Konsummüll in diese Steinwüste gespült hat, um ihn loszuwerden und hier abzulagern. Die uralte Hermine beginnt plötzlich zu singen und in die Hände zu klatschen. Zwischen ihren Füßen liegen zwei Hundewelpen. Hermine verkörpert die Erinnerung an eine andere, fast verschwundene Lebenswelt. Am Anfang ihres Lebens war sie Teil einer Nomadengruppe, die sich von dem, was im Wald zu finden war, und von wildem Honig ernährte. Später lebte sie von Ziegen und Kühen. Sie macht sich bis heute ihr Feuer selbst und kocht ihr Essen mit eigenen Händen. Das Gehen fällt ihr schwer, aber aus ihrem Gesicht strahlen Ruhe, Heiterkeit, und auch Mühsal. Es ist ein Gesicht, das vom Leben gezeichnet ist. Aber es ist ein Gesicht, das weit entfernt ist von den erloschenen Gesichtern derer, die nur auf Bildschirme starren. Auf ihr ausgebleichtes blaues T-Shirt sind Plastikperlen genäht, die Umrisse von Wolkenkratzern andeuten. Als würde Hermine sich über den Irrsinn der metropolitanen Welt lustig machen. Das tut sie zwar nicht wirklich, sie weiß vermutlich gar nicht, was das da ist auf ihrem löchrigen T-Shirt. Aber Manhattan oder die City Frankfurts werden in diesem Ambiente zum absurden und lächerlichen Dekor. Hermine hat nie eine Schule gesehen, sie hat keinen Arzt aufgesucht, ihr Essen war einfach, sie kennt kein fließendes Wasser und sie hat keine Elektrizität. Sie hat die Welt nicht gesehen, aber das Leben ist hier. Und sie macht durch ihre schiere Gegenwärtigkeit klar, dass dieses Leben genügt hat und dass dieses Leben den Gedanken an Hilfe, Entwicklung, Fortschritt nicht aufkommen lässt. Hermine ist nicht entwicklungsbedürftig, sie ist kein Mängelwesen. Die Abwesenheit der Dienstleistungsgesellschaft ist die Abwesenheit eines Alptraums. Man könnte Hermine wahrscheinlich nicht einmal mehr von Dienstleistungen abhängig machen. Die Warensucht hat sie nicht berührt, sie ist auf der Teerstraße, die man am Horizont ahnen kann, an ihr vorbeigefahren.

Das wird in der Begegnung mit Hermine und ihrem Zahn unübersehbar: Die Geschichte des homo sapiens ist eigentlich vor allem eine Geschichte vor, neben und ohne die Gegenwart von Dienstleistungen. Man kann sagen: Die Idee, dass sich Menschen mit „services" ausstatten und bedienen lassen, ist ein später Gedanke, der vielleicht erst in dem Augenblick auftaucht, in dem der Mensch begonnen hat, seine letzten Atemzüge zu tun. Der homo sapiens ist vor etwa 300.000 Jahren in Afrika in Erscheinung getreten, die ersten Steinwerkzeuge, Faustkeile vor allem, stammen aus dieser Zeit.[127] Im Flusstal der Ardèche findet sich die Chauvet-Höhle, die 1994 entdeckt wurde. Dort wurden betörend schöne Felszeichnungen, die mehr als 30.000 Jahre alt sind, sichtbar. Ein Gedankenexperiment: Würde man die Geschichte der menschlichen Kultur in eine 12-Stundenuhr eintragen, dann würde sich die Ära der Dienstleistungen – angesichts der 300.000 Jahre menschlichen Lebens – erst in den letzten Sekunden dieser Kulturuhr zeigen. Wir können uns eine Welt ohne Dienstleistungen nicht vorstellen. Das indessen ist ein radikal verengter Blickwinkel. Mehr als 99 Prozent der Zeit, in der es den Menschen gibt, ist eine Zeit ohne die Existenz und die Inanspruchnahme von Dienstleistungen. Das Ende des Zeitalters der Dienstleistungen mag uns ängstigen, aber Hermine ist eine Meisterin: Sie erinnert an das, was eigentlich immer die vorherrschende Lebensform der Menschen war: das Wissen um die Angewiesenheit auf die Natur, die uns überleben lässt und auf die Menschen, mit denen es sich zusammenleben lässt. Rings um Hermines Platz in der namibischen Steinwüste, nur 50 Kilometer entfernt, ist der Alltag längst überflutet: Kinder, deren Blick sich vom Handy nicht mehr lösen lässt. Erwachsene, deren Seele von Gier zerfressen ist. Menschen, die ohne Dienstleistungen nicht überlebensfähig sind; unmündige Wesen, die sich ein Leben ohne

Supermarkt, Schule, Krankenhaus, Autobahn und Toilettenspülung nicht vorstellen können. Hermines Souveränität wird überall unterminiert. Man braucht nur von ihrer Hütte aus den Blick in die Ferne schweifen zu lassen. In Otjimbingwe zum Beispiel haben die Menschen immer mit Gärten, mit Rindern und Ziegen gelebt, gut gelebt. Aber dann wurde ein Damm gebaut, der den Fluss aufstaut. Er brachte das Wasser zum Trinken, zum Waschen, zum Bewässern der Gärten und zum Tränken der Tiere. Der Damm machte das prekärer, aber der „Chief" ging hin und sorgte dafür, dass die Schleusen aufgemacht wurden, wenn Wasser gebraucht wurde. Aber nun zweigt eine Firma, die mit Wasser Geschäfte macht, aus dem Stausee Wasser ab und verkauft es. Dienstleistung! Außerdem bleibt der Regen immer häufiger aus, sodass der Stausee sich nicht mehr füllt. Darum gibt es in Otjimbingwe keine Gärten mehr und kein Vieh. Das Flussbett ist seit langem trocken, sodass ein Baum nach dem anderen, der am Flussufer stand, vertrocknet und umfällt. Die Bewohner können sich nicht mehr aus eigener Kraft ernähren, sondern sind von staatlicher Hilfe abhängig. Wie eine Glocke senkt sich die Vergeldlichung des Wassers, verstärkt durch den ausbleibenden Regen, über die Menschen. Es bleibt ihnen nur die Hoffnung auf eine elende Variante der Dienstleistungsgesellschaft, die sie alle zu Sozialhilfeempfängern macht. Es ist die kleine Rente, die jeder alte Mensch in Namibia bekommt, von der immer mehr Familien leben. Das ist so absurd wie die Wolkenkratzer auf Hermines T-Shirt. Die Alten werden wieder wichtig, aber nicht, weil sie etwas wissen, was den Jungen nützlich ist, sondern weil sie die Rente bekommen, mit der ganze Familien überleben, nachdem das Eigene – der Garten oder das Feld, die Kuh oder die Ziegenherde – verschwunden sind.

Hermine ist eine fleischgewordene Erinnerung. Eine Erinnerung an die überwältigend langen Zeiten, in denen die Menschen ohne Dienstleistungen gelebt haben. Es ist wichtig, Hermine auf die Bühne zu rufen, weil sie uns zeigt, dass es ein Leben ohne Dienstleistungen geben kann. Und dass es vielleicht gar nicht so schlimm ist? „Ich schlage also kein Zurück in die Steinzeit vor. Mein Anliegen ist weder reaktionär noch konservativ, sondern schlicht subversiv. Es scheint, als sei die utopische Phantasie ebenso wie der Kapitalismus, die Industriemoderne und die Weltbevölkerung in einer Einbahnzukunft gefangen, in der es nichts als

Wachstum gibt. Alles, was ich herauszufinden versuche, ist, wie ich eine Kuh auf die Gleise schieben kann." Das schreibt die kalifornische Science-Fiction-Autorin Ursula K. Le Guin.[128] Die Geschichte von Hermine kann schnell vom Tisch gewischt werden. Daran hindert allerdings der Hinweis, dass ihre Lebensweise die statistisch gesehen Normale ist. Vorindustrielle Lebensweisen sind die vorherrschende Existenzform auf dem Planeten, sie werden übersehen, weil sie nicht zum Fortschritt beitragen. Wenn aber nun dieser Fortschritt das Verhängnis ist? „Gebannt von der zunehmenden Dominanz bestimmter Lebensweisen über andere, vergaßen die Wissenschaftler zu fragen, was sonst noch vor sich geht. Jetzt, da die Fortschrittserzählungen an Wirkung verlieren, wird es möglich, die Dinge aus einer anderen Perspektive zu betrachten."[129]

Wem die Zerstörung der Dienstleistungen nützt

Wenden wir den Blick von Hermine weg und zu Menschen, die man als ihre fernen Verwandten, ihre metropolitanen Enkel ansehen könnte, Menschen, die wie sie außerhalb der glatten Oberfläche des Normalen wohnen. Schauen wir auf die Obdachlosen. Auch sie sind – wie Hermine – Menschen außerhalb des gemütlichen Dienstleistungsangebotes. Man sieht zweierlei: Erstens, dass sie zum bevorzugten Verfolgungsobjekt ökonomischer und administrativer Eliten geworden sind. Zweitens, dass die Zerstörung der alten Dienstleistungen Obdachlosigkeit hervorbringt und dass das so sein soll. Es gibt nämlich Nutznießer der zunehmenden Obdachlosigkeit.Wo ist eigentlich die Heilsarmee geblieben? Mit ihren bunten Uniformen und ihrer fröhlich-naiven Botschaft standen die ‚Heilssoldaten' einmal unbeirrt in Einkaufszonen. Sie sangen, sie spielten auf der Gitarre und sie sammelten verlorene Seelen. Sie kümmerten sich um Habenichtse, um Alkoholiker und Nichtsnutze. Aber es gibt sie noch: 1,8 Millionen Mitglieder, mehr als eine Million Heilssoldaten, werden gezählt. An der Spitze steht ein General. Die Heilsarmee betreibt zum Beispiel weltweit 160 Altenheime mit mehr als 11.000 Plätzen und 495 Obdachlosenheime mit fast 30.000 Plätzen. Ein ‚Dienstleister', der sich um Suchtkranke und Obdachlose sorgt – und die Heilsarmee ist mit ihrer militärischen Struktur ziemlich erfolgreich. Je drastischer der Sozialstaat versagt, desto gefragter ist vielleicht in Zukunft die Heilsarmee?

Ich erinnere mich an einen Obdachlosen, der in Tokio zwischen den Wolkenkratzern am Straßenrand sein Zelt sehr ordentlich, exakt, penibel und sauber aufgestellt hatte und dort offenbar geduldet wurde. Viele Obdachlose schlagen abends ihre Pappkartons im Sumida-Park in Tokio auf. Eine Einzimmerwohnung ist in der 37-Millionenstadt unter 1000 Euro nicht zu haben. So wächst die Zahl der Obdachlosen, die in ihrer Mehrzahl diesen Zustand, der als Schande gilt, geheim zu halten versuchen. Im Sumida-Park aber gibt es etwas Ungewöhnliches: Solidarität. Irgendjemand sammelt nützliche Dinge aus Mülleimern und macht sie zu Geld. Die Erlöse werden geteilt. Die Gemeinschaft der Gescheiterten hält zusammen, die Mehrheitsgesellschaft schaut weg.[130] Ein berührender Film zeigte schon vor längerer Zeit alte japanische Menschen, die faktisch in Thermalbädern leben, ein kleiner Stahlschrank ist Ort ihrer Privatheit. Manche nächtigen bisweilen eine Nacht in Kapselhotels, das kostet 15 Euro – man hat da einen Verschlag von zwei Quadratmetern. Die 75-jährige alte Frau, die alles dafür tut, ihren Obdachlosenstatus zu verbergen, geht abends, nachdem sie ihre Pappkartons zu einer Hütte aufgestellt hat, mit dem Handtuch über der Schulter zu einem Toilettenhaus. Sie hat die Zahnbürste in der Hand.[131] Dass das Glück womöglich leichter im Leben eines Toilettenreinigers zu finden ist als in den mit Mahagoni verkleideten Suiten auf der Yacht eines Oligarchen, ahnte man schon. Aber Wim Wenders hat es in „Perfect Days“, einem Film über einen Toilettenreiniger in Tokio, auf wunderbare Weise deutlich gemacht. Das ist aber wohl doch eine Ausnahme.

In Deutschland waren im Jahr 2022 607.000 Menschen mindestens teilweise wohnungslos. Das entspricht ungefähr der Einwohnerzahl Stuttgarts. Von 2021 auf 2022 ist die Zahl um etwa 50 Prozent gestiegen.[132] Etwa 50.000 von Obdachlosigkeit Betroffene leben ohne jede Art von Notunterkunft. Die Zahl der Sozialwohnungen sinkt in Deutschland. 1990 gab es noch 2.8 Millionen Sozialwohnungen, heute sind eine Million geblieben. Weil gleichzeitig die Mietpreise explodieren, wundert es nicht, dass die Zahl der Obdachlosen steigt. Viele der Notunterkünfte – so schreibt Fabian Lehr – sind komplett überbelegt, es gibt keine Privatsphäre, von schimmeligen Wänden und verdreckten Sanitäranlagen wird berichtet. Es drängt sich die Frage auf, warum der deutsche Staat hunderttausende

Menschen auf der Straße und in Notunterkünften verelenden lässt, statt neue Sozialwohnungen zu bauen? Vielleicht hat Fabian Lehr recht, wenn er vermutet, dass die Abschaffung des sozialen Wohnungsbaus dazu dient, Obdachlosigkeit aufrechtzuerhalten. 100 Milliarden für das Militär sind möglich. Aber Sozialwohnungen nicht. Die Schaffung solcher Sozialwohnungen würde die entfesselten Mieten in deutschen Großstädten schrumpfen lassen. Aber das Absinken der Mieten käme dem Immobilienkapital nicht gelegen: „Das Erfolgsmodell des ‚Exportweltmeisters Deutschland' beruht darauf, die eigene Bevölkerung durch Drohung mit Entzug aller Existenzgrundlagen zur Annahme mieser, niedrig bezahlter Jobs gefügig zu machen."[133] Die wachsende Obdachlosigkeit verdankt sich nicht einem rätselhaften Zusammenbruch sozialer Bedingungen, sondern der gezielten Zerstörung der Dienstleistung, die bisher bezahlbare Wohnungen bereitstellte. Vielleicht gehen wir auf amerikanische Zustände zu? Die US-amerikanische Stadt Grants Pass hat 40.000 Einwohner. Sie hat im Rahmen von Regeln für das Camping Obdachlosen verboten, auf öffentlichem Gelände Decken, Kissen oder Pappkartons zu nutzen, um im Freien zu schlafen. Wer gegen diese Regeln verstößt muss mit Geldbußen von mehreren hundert Dollar rechnen. Wer das nicht zahlen kann, dem drohen Sanktionen bis hin zur Freiheitsstrafe. Die Zahl der Obdachlosen ist in den USA in Folge von sozialer Verelendung, von Drogenkonsum sowie der hohen Mieten und dem Mangel an bezahlbaren Wohnungen drastisch gestiegen. 2023 waren es in den USA 653.100 Menschen, die kein Obdach hatten – eine Zunahme um zwölf Prozent im Vergleich zum Vorjahr.[134] Rebecca Solnit hat am Beispiel San Franzisko die Zerstörung der Stadt durch die superreichen Eliten beschrieben. „Ich weiß nicht, ob diese Milliardäre wissen, was eine Stadt ist. Aber ich weiß, dass sie ihren Reichtum benutzt haben, um die Vielfalt der Stadt, die seit 1980 mein Zuhause ist, zu zerstören. Sie haben das Wohnen unbezahlbar gemacht, die Armen dämonisiert, Lokalpolitiker zu ihren Marionetten gemacht und einen politischen Rechtsruck finanziert."[135]

Die Krise der Dienstleistungsgesellschaft ist kein Versehen. Sie hat ihre Ursachen in politischem Desinteresse, in der Weise, wie ökonomische Schwerpunkte gesetzt werden, in der mangelnden Bereitschaft, unliebsame Entscheidungen zu treffen und den Interessen der ökonomischen

Eliten zu widersprechen. Was aber spürbar wird, das ist ein zunehmend kalter Wind, der den Schwachen dieser Gesellschaft ins Gesicht weht. Im Mai 2024 beschwert sich der damalige britische Premier Rishi Sunak über die „sicknote culture“ in Großbritannien. Aus seiner Sicht werden vor allem psychisch Kranke zu schnell und zu oft krankgeschrieben und sie bekommen dann Unterstützungsgelder. Im Grunde verdächtigt er Menschen mit Behinderung, auf Kosten des Staates zu faulenzen. Sicknote culture, eine Kultur der Krankschreibung, das ist der Vorwurf Sunaks.[136] Die Frage, was die Ursachen psychischer Erkrankungen sind, wird selbstverständlich nicht gestellt.

Was hilft gegen das Bahn-Chaos?

30. Juli 2024: Wir hatten gerade den heißesten Tag in der Geschichte der Welt, der jemals gemessen wurde. Wieso spricht eigentlich niemand darüber?[137] Gleichzeitig wurde weltweit noch nie so viel Gas und Erdöl gefördert wie an diesem Tag. Ist die Konsequenz: Auge schließen, Ohren zuhalten, denn ändern kann man daran nichts? Die Krisen werden so groß, dass man sich veranlasst sehen könnte, zu resignieren. Einen Tag vor diesem heißesten Tag haben sich Angehörige der „Letzten Generation“ auf den Startbahnen des Frankfurter Flughafens festgeklebt. Mitten im gerade beginnenden Ferienverkehr. Stünde ich da mit meinen Kindern und dem Gepäck am Flughafen, den Strand vor dem inneren Auge, würde ich auch wütend sein. Aber muss man nicht zähneknirschend zugeben, dass es fünf Minuten nach zwölf ist? Aus dem einigermaßen gemütlichen Leben in der Wohlstandsgesellschaft ist ein Zustand geworden, der uns in dauernden Alarmzustand versetzt. Wer soll das eigentlich aushalten?

Nach jedem von uns greifen die Krisen: Komme ich rechtzeitig zu meiner Verabredung, wenn die Bahn wieder verspätet ist? Die Schweiz weist inzwischen jeden zehnten ICE an der Grenze zurück, weil die Schweizer Bahn die bundesdeutsche Verspätung nicht in den eigenen pünktlichen Zugverkehr einschleppen will.

Was kann ich denn dagegen tun? Ich rechne, wenn ich auf Reisen gehe, inzwischen grundsätzlich mit mehreren Stunden Verspätung. Wenn ich kann, fahre ich deshalb mit dem notwendigen Sicherheitsabstand. Und dann schaue ich, was ich in der Stadt, in die ich gerade fahre, anschauen kann, wenn der Zug überraschenderweise doch pünktlich kommt. Ich befreie mich so von Stress, von dem Ärger, von toten Wartezeiten. Ich habe einen Termin in Bamberg? Wenn ich Glück habe und die Bahn pünktlich ist, kann ich den Bamberger Reiter am Dom endlich wieder einmal anschauen. Hamburg: Sollte der ICE mir gewogen sein, habe ich Zeit, um in meinem Lieblingscafé an der Binnenalster zu sitzen. Oder ich gehe in diese wunderbare Buchhandlung Felix Jud am Neuen Wall. Da gibt's tatsächlich noch Bücher und nicht nur die aufgepeppte Massenware (etwa die neueste Autobiographie von irgendeinem Politiker, der bald in der Versenkung verschwinden wird und der das Buch selbstverständlich gar nicht selbst geschrieben hat). Natürlich ist das ein Skandal, dass ich mich nicht mehr auf die Bahn verlassen kann. Aber was bleibt uns anderes übrig als uns in irgendeine ZEN-Kunst zu vertiefen, sodass in uns das große Gelächter über die zusammenbrechende Infrastruktur aufsteigen kann.

Krise als Chance

Andere Wege suchen: Darum geht es. Wenn ich eine Hierarchie der Schrumpfungs- und Zusammenbruchsphänomene aufstellen sollte, dann würde ich sagen: Zuerst kollabiert der Transport. Vielleicht kommt gleich danach der Gesundheitssektor? Und dann die Lebensmittelversorgung? Der Zusammenbruch im Gesundheitssektor ist natürlich im Zweifelsfall schmerzhafter und gefährlicher als der Kollaps der Bahn oder der Stau auf der Autobahn. Bekomme ich einen Termin bei meinem Augenarzt? Die Dame am Telefon eröffnet mir: Ich müsse sechs Monate warten, bis da was möglich ist. Und höre ich da einen kleinen Triumph mit einer kleinen Prise Sadismus in der Stimme? „Was glaubst Du eigentlich? Du meinst, Du kannst hier anrufen und der Doktor wartet nur auf Dich? Pustekuchen. Wir sitzen am längeren Hebel. Kusch!" Eine heilsame Wirkung könnte dieses Termintheater entfalten: Wahrscheinlich ist jeder zweite Arzt-Termin eigentlich überflüssig, geboren aus Überängstlichkeit, aus Einsamkeit, aus dem Verlust des Gefühls für sich und seinen Körper. Wenn ich höre, wie selbstverständlich so mancher zum MRT (Magnetresonanztomographie) eilt, um was ‚abchecken' zu lassen … Vielleicht ist es manchmal auch heilsam, dass die Termine nicht klappen? Nicht immer, aber manchmal,

manchmal bewahrt mich das womöglich vor einem Rattenschwanz von Folgebehandlungen? Von Kinderärzten hört man ja immer öfter, dass Eltern heute dazu neigen, in die Praxis zu eilen, wenn das Baby nur mal hustet. Wie viele Krankheiten haben die Leute früher selbst behandelt? Im Lechtal gerate ich in einen Laden mit Heilkräutertinkturen. Die Leute, die das machen, steigen hoch in die Berge und graben die Wurzeln aus. Brennen daraus Heilschnäpse, so wie es den jahrhundertealten Traditionen und Erfahrungen entspricht. Hier war man früher weit entfernt vom nächsten Arzt oder Krankenhaus. Das heilende Erfahrungswissen war da oft das Einzige, was es gab. Die medizinische Zunft betrachtet das mit Misstrauen. Aber vielleicht ist das nicht die Vergangenheit, sondern die Zukunft? In ländlichen Gegenden wird es bald kaum noch Arztpraxen geben. Die Notwendigkeit, sich auf das zu besinnen, was wir selber können, wird deutlich. Sei es in Konfrontation mit der offiziellen Medizin, sei es in Kooperation mit ihr wird es darum gehen, Heilungs-Kompetenz zu uns, den Bürgern zurückzuholen. Angesichts eines kollabierenden Gesundheitsapparates wird die Frage auftauchen: „Was können wir selbst?" Wie viele Behandlungsfehler werden eigentlich vermieden, wenn wir nicht ständig in die Praxen rennen? Ein bekanntes Beispiel zur Erinnerung: Wie viele Hüft- und Knieoperationen wären eigentlich vermeidbar? 75 Prozent der Knie-OPs scheinen überflüssig zu sein. In keinem Land werden so häufig Knieoperationen durchgeführt wie in Deutschland. Der Kniespezialist Prof. Dr. med. Hans Pässler meint: Durchschnittlich sind drei von vier empfohlenen Operationen nicht nötig.[138] Vielleicht ist es an der Zeit, öfter mal in den Luftballon zu stechen und die Luft rauszulassen? Brauche ich diesen Arztbesuch, glaube ich den Drohungen, dass dies und das sofort geschehen müsse?

Der Nachbar erzählt: Mit einer Thrombose ist er ins Krankenhaus gekommen. Sehr schnell soll er nach der Behandlung wieder entlassen werden. Er spricht mit dem Arzt und bittet, noch einen Tag bleiben zu dürfen, seine Frau würde es gerade jetzt nicht schaffen, ihn zu pflegen – der Job und die Kinder. Ja, der Nachbar darf noch einen Tag bleiben. Um welchen Preis? Es wird noch kurzerhand eine Magenspiegelung gemacht, das rechtfertigt dann sein Bleiben. Einen medizinischen Anlass dafür gibt es nicht. „Sapere aude!" sagt Immanuel Kant – wage es, Dich Deines

Verstandes zu bedienen. Wage es, Dich zu informieren, wage den Widerspruch. Sei misstrauisch gegenüber dem teuren, geldgierigen medizinischen Massenbetrieb.

Die Diskussion über den krankmachenden medizinischen Fortschritt steht heute weit oben auf der Tagesordnung ärztlicher Fachtagungen; die Forschung befasst sich mit den Krankheit erzeugenden Faktoren von Diagnose und Therapie."[139] Heute wird diese Kritik Ivan Illichs überlagert und zugespitzt durch die Tatsache, dass die Gesundheitsindustrie auch das, was sie verspricht, im Großen Ganzen nicht mehr halten kann. Es geht Ivan Illich darum, die Kontrolle über die medizinischen Erkenntnisse, Theorien und Entscheidungsprozesse wieder zu beanspruchen. So ein Gedanke wird den Protest der medizinischen Zunft hervorrufen, aber den Ball müssen wir zurückzuspielen lernen: „Wenn Ihr das überhaupt nicht mehr zu leisten imstande seid, was ihr versprecht, dann ist es an der Zeit, über eigene Kompetenzen und Möglichkeiten nachzudenken." Eine ebenso demütigende wie fehleranfällige Gesundheitsfürsorge, wie wir sie jetzt erleben, muss auf einen bürgerschaftlichen Widerspruchsgeist treffen, der um die Frage kreist: Was können wir selber? In der Pflege sehen wir das jetzt schon. Reihenweise werden Pflegeheime geschlossen oder melden Insolvenz an, weil kein Geld und kein Personal da ist. Die Menschen beginnen zu ahnen, dass es die bequemen käuflichen professionellen Leistungen nicht mehr so wie früher geben wird. Wir werden sehen, wie hilfsbedürftige Alte auf der Straße oder in ihren Wohnungen buchstäblich verrecken. Und die Frage wird unweigerlich kommen, welche Initiativen und Antworten im zivilgesellschaftlichen Bereich entstehen, um auf die zutage liegende Not zu antworten. Auch hier steht im Vordergrund die Frage. Was können wir selbst? Und die Frage: Worauf können wir verzichten?[140]

Urban Gardening als Krücke

Wir haben auf die Krise der Transportindustrie und die Krise des Gesundheitsapparates geschaut mit der Frage: Was können wir selbst tun? Der abschließende Blick fällt auf einen krisenanfälligen Bereich, der eigentlich im Zentrum der Sorge stehen müsste und dennoch auf merkwürdige Weise wie eine Nebensache behandelt wird: Unsere Ernährung. Die Lebensmittelindustrie. Der Garten.

Hier in Deutschland und in Mitteleuropa sind wir in einer unfassbaren Weise abhängig von der industriellen Produktion von Lebensmitteln. Man erinnere sich: Noch vor etwas mehr hundert Jahren wurden achtzig Prozent der Lebensmittel im Schatten des dörflichen Kirchturms produziert. Und in vielen Bereichen, die wir als unterentwickelt zu betrachten gewohnt sind, ist das noch heute so: Die Menschen säen und ernten ihre Nahrung selbst. Es heißt, dass 80 Prozent der Menschen auf diesem Planeten sich aus der kleinbäuerlichen Subsistenzwirtschaft ernähren. In den späten Industriegesellschaften gibt es eine bestürzend radikale Ignoranz verschwistert mit drastischer Abhängigkeit. Die Nahrung kommt aus dem Supermarkt oder aus dem Bioladen. Jeden Tag kann diese Selbstverständlichkeit in eine Krise geraten. Dürre oder Überschwemmungen, die ganze Landstriche mit ihren Agrarflächen verwüsten können. Logistik, die von verfügbaren fossilen Ressourcen abhängig ist, um Nahrungsmittel zu transportieren. Die Vernichtung und Versiegelung von Ackerflächen usw. usw. Die Coronakrise hat es gezeigt: Plötzlich waren die Regale in den Supermärkten leer. Die alte Generation hat noch Erinnerungen an ein Deutschland, in dem es in Kriegs- und Nachkriegszeiten Hunger gab. Jüngere Menschen gehen mit einer fassungslos machenden Selbstverständlichkeit davon aus, dass das immer so weiter geht. Die massiven Krisen in der Produktion von Nahrungsmitteln, die wachsende Weltbevölkerung, die unsicher werdenden Transportwege – alles kann sich zu einer Lage zuspitzen, in der die Nahrungsmittelsicherheit nicht mehr garantiert ist. Vier Kilo Hülsenfrüchte, drei Kilo Getreide, 20 Liter Wasser empfiehlt das Bundesamt für Bevölkerungsschutz und Katastrophenhilfe den Bürgern pro Person für den Notfall. Das wirkt wie eine stillschweigende Drohung aus dem Hintergrund. Das sollen wir selbst tun: Für den Notfall vorsorgen. Und es ist wie beim Transportsektor und bei der Gesundheitsfürsorge: Vor diesem Riesenapparat sinkt man in die Knie. Selber machen? Wie denn bitte? Einen katastrophischen Zusammenbruch des Transportwesens oder des Gesundheitsapparates können wir nicht auffangen. Aber jeder Balkon und jede stupide Grasfläche eröffnet auch Möglichkeiten für die Produktion von Nahrungsmitteln. Wir sollten das üben, nutzen, ausprobieren. Die vielerorts entstehenden Projekte unter dem Begriff des „Urban Gardening“ sind ein Schritt in die richtige Richtung; sie setzen zudem auf

Gemeinschaft und schaffen Verbindungen unter Nachbarn, die sich bislang fremd waren. Die große Lebensmittelkrise werden wir damit nicht aushebeln. Aber mildern, Übergänge schaffen, Notbrücken bauen. Und darum geht es vorläufig … Bis wir mehr können, bis wir uns enteignetes Terrain zurückgeholt haben

Finde deine Hoffnung also im Boden unter deinen Füßen. Deine Himmelshoffnung, lass sie ruhen im Boden unter dir. Die Welt ist nicht besser als ihre Orte. Ihre Orte sind letztlich nicht besser als ihre Leute, und ihre Leute dauern darin fort. Wenn die Leute das Licht in sich verdüstern, verdüstert sich die Welt.“

WENDELL BERRY: A POEM OF HOPE, 2007[141]

Das Wagnis der Wildnis
Vom Ende der Expertenherrschaft

Eine Revision steht an. Wir werden uns fragen müssen: Was können wir eigentlich selbst, wenn das mit den bezahlten, professionellen Dienstleistungen nicht mehr funktioniert? Müssen wir Dienstleistungsexperten zum Teufel jagen? Uns darauf besinnen, dass wir der pädagogischen Verseuchung unserer Gesellschaft Grenzen setzen können? Müssen wir prüfen, wo wir uns der krakenhaften Gesundheitsindustrie entziehen können? Müssen wir uns klarmachen, dass die Wohnungsnot nur so lange anhält, wie wir das Thema Wohnen einer Bau- und Immobilienwirtschaft überlassen, die auf Vereinzelung im Loft setzt?

Machen wir uns auf die Suche nach gemeinschaftlichen Lebensformen, die einfacher sind, glücksbringender, selbstbestimmter. Entziehen wir den Dienstleistungsexperten die Macht über unseren Alltag …

Toni stellt seine Dienstleistungen ein

Wasser trinkt er generell nur aus Flaschen. Decken faltet er so sorgfältig als hätte er es im Hotelfach erlernt. Aber nach dem, was ihm zugestoßen ist, verkriecht Toni sich. Toni ist ein Wildtier, ein Silberrücken, ein Gorilla. Er hat die Wildnis nie gesehen, er ist im Zoo in Nürnberg geboren und hat sein Leben im Zoo verbracht, die letzten Jahre im Zoo in Kiew. Er hat sich anschauen lassen von den Zoobesuchern, er hat sich mit ihnen ausgetauscht. Mit der Schauspielerin Hayden Panettiere hat er mal stundenlang Händchen gehalten. Jetzt aber taucht Toni meist ab, er schnappt sich herumliegende Holzwolle und zieht sich in den letzten Winkel zurück. Seit dem 24. Februar 2022 hat das Zischen der Raketen, das Heulen der Sirenen, die Detonation von Bomben sein Leben verändert. Er versucht, sich unsichtbar zu machen, doch sein Zittern und sein Schnaufen verraten ihn. Jede Begegnung, die er macht, geht mit einem Stöhnen einher. Toni zeigt Anzeichen eines schweren Traumas,

Angstattacken, aggressive Ausfälle, die aus dem Nichts kommen. Sein Gesundheitszustand lässt es nicht zu, dass er aus der Kriegszone weggebracht wird.[142]

Toni stellt seine Dienstleistung ein. Er will nicht mehr angegafft werden. Er will sich nicht mehr zur Schau stellen. Seine äußeren Lebensbedingungen sind zur Katastrophe geworden und die schlagen sich in seiner Seele nieder. Darf man bei einem Gorilla von Seele sprechen? Ja, man darf. Toni geht es wie uns oder uns geht es wie Toni: Die äußeren Lebensbedingungen werden immer unheimlicher und Angstattacken nehmen bei uns zu. Vielleicht gibt es bei Toni eine Sehnsucht nach der Wildnis, die er nie gesehen hat? Und vielleicht meldet sich bei uns im bröckelnden Sozialstaat die Sehnsucht nach einem anderen Leben? Dafür wählen wir versuchsweise den Begriff der Wildnis. Unablässig reden wir davon, wie wichtig die Regenwälder des Amazonas für unser Überleben sind. Vielleicht müssen wir die verlorene Vielfalt unseres Lebens in einem sozialen Regenwald suchen, wie es ihn bei unseren Vorfahren gegeben hat und wie er noch ansatzweise bei indigenen Völkern zu finden ist – soweit wir deren Vielfalt nicht zerstört haben. In den Menschen breitet sich – wie bei Toni – das Gefühl aus, keinen Einfluss auf das zu haben, was geschieht. Die Hälfte der Wählerinnen und Wähler in Deutschland entscheidet sich auf dem Wahlzettel für die AfD oder sie geht gar nicht erst zur Wahl. Sie sind raus aus der von Parteien getragenen (und von den Parteien auch bis zu einem gewissen Grad ruinierten) parlamentarischen Demokratie. Stattdessen steigt die Angst: Die Angst, etwas zu verlieren, die Angst, dass sich alles verändert und die Angst, dass sich überhaupt nichts ändert – obwohl ständig etwas Anderes versprochen wird. Die Regierung tönt 2024 vom Deutschlandtempo und gleichzeitig fallen die Züge aus. Wer glaubt noch, dass sich das ändert? Meine Reise kann ich immer weniger sicher planen – und viele haben den Eindruck, dass das nur ein Symbol ist für einen Trend: Das Schlimmste ist die Unsicherheit und das Gefühl, keinen Einfluss zu haben auf die Gestaltung der eigenen Zukunft. Das betrifft nicht nur die wachsende Zahl der in prekären Verhältnissen lebenden Menschen, sondern auch den Mittelstand. Es reicht nicht mehr. Alles wird teurer, die Inflation hat die Einkünfte aufgefressen. Überall Baustellen und der Eindruck ist: Da geschieht nichts. Der ökologische Umbau der Wirtschaft, der Bürokratieabbau, die versprochene Digitalisierung, die Bildungs- und die Bahnreform … lauter Baustellen, die den Eindruck erwecken, als wären es stillgelegte Orte.[143]

Hoffnungen und Ängste

Wir sind am Ende unserer Überlegungen zu den Veränderungen in der Welt der Dienstleistungsgesellschaft angekommen. Es ist deutlich geworden: Dienstleistungen sind in der Krise. Nein, mehr noch: Viele haben das Gefühl, es kündige sich ein Zusammenbruch der Institutionen, die Dienstleistungen produzieren, an. Dieser drohende Zusammenbruch der Institutionen ist auf diffuse Weise begleitet von einer Krise in den Individuen, von einer verbreiteten Erschöpfung, die bei vielen Menschen dann auch die Gestalt eines Zusammenbruchs annimmt. Wir registrieren einen Burnout der Institutionen, der mit einem Burnout in den Personen korrespondiert. Wie diese Krise der Institutionen aussieht, wurde beschrieben und wie diese zwei Zusammenbrüche miteinander verbunden sind, das haben wir versucht zu ergründen. Die Frage bleibt aber: Ist der Zusammenbruch der Institutionen eine Folge von Schlamperei, Verzögerung, Faulheit, Fehlentscheidungen? Oder ist er die Konsequenz gezielter Destruktion? Wer macht die Dienstleistungen kaputt? Wer zieht daraus Vorteile? Manchmal liegt das auf der Hand: Dass zu wenig gebaut wird, dass es vor allem an Sozialwohnungen fehlt, daraus schlagen diejenigen Gewinne, die viele Wohnungen besitzen oder verwalten – Mieter können nach Belieben ausgenommen werden. Und woher kommt der Zusammenbruch der Motivationen und das Versickern der Kräfte bei den Menschen? Haben wir es mit einer Erschöpfungspandemie zu tun? Endet der Weg des homo sapiens, der sich zum homo consumens gewandelt hat, in einer fundamentalen Sinnkrise, die ihn lähmt?

Wie aber soll es nun weitergehen?

Die inspirierende Ursula K. Le Guin hat die Mischung aus Verzweiflung und Hoffnung, die über unserem Leben liegt, klarsichtig beschrieben: „Ich hege Hoffnungen und habe Ängste. Mittlerweile überwiegen die Ängste. Als meine Kinder klein waren, konnte ich noch hoffen, dass wir ihnen die Erde nicht völlig ruiniert hinterlassen. Aber jetzt, wo wir genau das getan und uns mehr denn je an einen profitorientierten Industrialismus verkauft haben, dessen Horizont gerade mal ein paar Monate in die Zukunft reicht, ist meine Hoffnung, dass die kommenden Generationen gut und in Frieden leben werden können, doch sehr gedämpft worden, und sie wird sich gegen die Finsternis behaupten müssen."[144]

Worauf können wir hoffen in so erschütternden und erschütterten Zeiten? „Aktives Hoffen heißt, Gefühle von Verzweiflung, Schmerz und Abwesenheit in dem Wissen zuzulassen, dass sich etwas ereignen kann, wenn die Zeit dafür reif ist; und das heißt auch, in der Zwischenzeit nach besten Kräften das zu tun, was sinnvoll ist, egal wie etwas ausgeht", schreibt der Oya-Redaktionskreis.[145] Es sei unübersehbar, dass in katastrophischen Situationen sich oft nicht das Schlimmste, sondern das Beste in den Menschen zeige.[146] Bis heute hat sich in mir eine Erinnerung eingebrannt, die das aus der Ferne bestätigt. 1943 gab es Serien von Bombenangriffen auf Hamburg. Unsere Wohnung verbrannte, wir flohen in die winzige Wohnung meiner Großmutter. Und Nacht für Nacht wurden wir Kinder aus dem Bett gerissen, wir schliefen in unseren Jacken und Hosen, um schnell sein zu können. Aber es war überhaupt keine Frage, dass die Nachbarn meiner Mutter halfen, die drei Kinder in den Keller zu bringen. Niemand wurde alleingelassen. Die Katastrophe ließ neue direkte Beziehungen zwischen den Menschen entstehen. Einmal hockten wir im Keller des Rathauses von Altona, ein grünuniformierter Soldat versuchte geduldig und vergeblich mir, dem Vierjährigen, eine Gasmaske aufzusetzen. Der Ausgang aus dem Keller war durch Bomben verschüttet. Bis heute ist der Schrecken verbunden mit der Erinnerung an das Empfinden unbeirrter Zuwendung und schützender Notgemeinschaft. „Die Hoffnung ist eine Axt, mit der du im Notfall die Tür einschlägst; die Hoffnung schubst dich durch den Notausgang, die Hoffnung mobilisiert all deine Kräfte, um die Zukunft von endlosem Krieg, von der Vernutzung der Schätze unserer Erde und von der Ausbeutung der Armen und Ausgegrenzten wegzulenken … Die Hoffnung ruft uns zum Handeln auf; wir können überhaupt nicht handeln, ohne zu hoffen."[147]

Jetzt sind wir selbst gefragt

Was jetzt dran ist, das liegt auf der Hand. Wenn die Dienstleister uns mehr und mehr im Stich lassen, dann müssen wir entdecken und realisieren, was wir selbst können. Neue Formen der Gemeinschaft, besonders neue Formen gemeinschaftlichen Wohnens und Wirtschaftens, neue Formen der Bildung und der Heilung sind gefragt. Manchmal könnte man den Eindruck haben, dass Regierende in panischer Angst vor einer solchen Selbsttätigkeit der Bürgerinnen und Bürger leben. Und geht die Krise der Dienstleistungen nicht einher mit einer wachsenden Kontrollwut? Der von einem Bündnis aus Gesundheitsminister und Teilen der Ärzteschaft vorgetragene Sturm auf die Homöopathie, die ‚den Laien' Heilung aus eigener Hand ermöglicht, ist ein solches Beispiel. Dass wir das tun, was wir selbst können, das wird nicht gern gesehen, das wird sogar verhindert und diejenigen, die an Alternativen interessiert sind, stoßen auf Kontroll- und Verhinderungsversuche aller Art.

Viele Versuche solcher Neuanfänge scheitern, aber es gibt auch solche, die gelingen. Solawi, solidarische Landwirtschaft, ist an vielen Orten entstanden. In der solidarischen Landwirtschaft tragen mehrere private Haushalte die Kosten eines landwirtschaftlichen Betriebs. Dafür erhalten sie im Gegenzug dessen Ernteertrag. Diese nichtindustrielle, marktunabhängige Landwirtschaft verbindet Menschen, die sich so ein Stück weit von Supermärkten unabhängig machen. An anderen Orten wird der Frage nachgegangen, wie gemeinschaftliches Leben möglich ist, wenn Menschen mit Behinderung, mit Krankheiten und alte Menschen dabei sind. „Für wen sind wir offen? Wer kann hier mitwohnen und wer nicht?" Die Gruppe „Kollektiv, Care!" trifft sich regelmäßig, um diese Fragen praktisch zu diskutieren: „Wo beginnt und wo endet die zwischenmenschliche Solidarität? Wie viel Sorge- und Pflegearbeit kann eine Gemeinschaft leisten und wo sind die Grenzen? Wer füllt die entstehenden Lücken?"[148] De Krise der Dienstleistungsgesellschaft trifft die Schwachen dieser Gesellschaft zuerst und am heftigsten. Die Pflegekrise hat sich längst zu einer Katastrophe ausgewachsen. Immer mehr Pflegeeinrichtungen werden inzwischen entweder geschlossen oder von Investoren gekauft, die daraus Renditeobjekte machen. 2023 gingen 2000 vollstationäre Plätze in der Heimpflege verloren, 300 Pflegedienste und 125 Tagespflegeeinrichtungen beendeten ihre Tätigkeit.[149]

The future is indigenous[150]

Sollen wir das so übersetzen: Die Zukunft ist einheimisch? Vielleicht besser: Die Zukunft liegt bei denen, die ihre lokale Kultur noch nicht gänzlich verloren haben. Hören wir auf einen alten Mann. Er ist 83 Jahre alt, er heißt Hugo Blanco und seine Muttersprache ist Quechua. Er ist in Peru geboren. Er ist sein Leben lang ein Aktivist, heute engagiert er sich vor allem im Blick auf die Umweltkrise und im Blick auf den Griff privater Konzerne nach dem Land der indigenen Bevölkerung. Und seine Überzeugung fasst er in die Worte: „The future is indigenous."[151] „Ich habe immer für soziale Gerechtigkeit gekämpft", sagt er. Heute sieht er das Überleben des Menschen in Gefahr. „Noch ein Jahrhundert Herrschaft transnationaler Konzerne und die Spezies Mensch wird ausgelöscht sein. Die Konzerne haben nur ein Ziel: In so kurzer Zeit wie möglich so viel Geld zu machen wie möglich. Regierungen haben vor diesen Mächten kapituliert." Widerstand gibt es bei indigenen Gruppen. Die Quechualeute sprechen von Pachamama, von Mutter Natur. Ob in Ozeanien, in Afrika oder in Asien, es sind die indigenen Menschen, die die Natur lieben, die die Solidarität und das Kollektiv mehr lieben als individuelle Orientierungen. Er erzählt von einer Marktfrau in Cusco, die kleine Berge von Pilzen vor sich aufgehäuft hatte. Hugo bietet ihr an, alle Pilze zu kaufen. Die Marktfrau sagt: „Nein, wenn ich dir alle verkaufe, was soll ich dann den anderen Leuten verkaufen?" Es geht heute um die Macht von unten. Sie muss die Gesellschaft neu erfinden und organisieren. Bei den Quechua wie bei den Sachsen, den Bayern oder den Hessen. Hugo Blanco spricht von Beispielen aus Indien und Neuseeland, wo Flüssen Persönlichkeitsrechte zugesprochen worden sind.

Was ist zu tun in dieser verfahrenen, Lage, die uns mutlos macht? Vielleicht geht es jetzt nicht so sehr um Antworten, sondern um Schweigen, um Fragen, um Gelassenheit: Schluss mit dem Aktivismus? Schluss also mit den Antworten? Rilke hat es 1903 in einem Brief an einen jungen Dichter formuliert: „Ich möchte Sie, so gut ich es kann, bitten, … Geduld zu haben gegen das Ungelöste in Ihrem Herzen und zu versuchen, die Fragen selbst liebzuhaben wie verschlossene Stuben und wie Bücher, die in einer sehr fremden Sprache geschrieben sind, Forschen Sie jetzt nicht nach den Antworten, die Ihnen nicht gegeben werden können, weil sie

sie nicht leben könnten … Leben Sie jetzt die Fragen. Vielleicht leben Sie dann allmählich, ohne es zu merken, eines fernen Tages in die Antwort hinein."[152]

In den Tag hineinleben und in die Antworten hinein leben und vielleicht sogar hinein sterben? Es finge damit an, dass wir begreifen, wie rettungs- und hoffnungslos wir kulturell verarmt sind. Welche kulturelle Vielfalt haben wir hinter uns gelassen und ausgelöscht! Wie viele dörfliche Dialekte verschwinden! Wie reich und vielfältig war die religiöse Landschaft, aus der wir kommen! Wie unterschiedlich waren die Weisen, mit dem Ende des Lebens umzugehen – jedes Dorf hatte seine eigenen Sterberiten! Wie viele Vogelarten gab es im Garten! Wie viele unterschiedliche Apfelsorten oder Tomatensamen!

Ich erinnere mich an eine Reise nach Namibia mit einer Gruppe kluger und gebildeter Menschen. Wir schauten auf den Tanz und die magischen Heilungstraditionen und Geheimnisse einer Gruppe von Damara. Melancholisch sahen alle auf diese Damaratänzer, die verarmt und geradezu elend den Sand mit ihren Tanzfüßen aufwirbelten, um mit dem touristisch feilgebotenen Rest an ein paar Münzen zu kommen. Mitleidige Szenerie. Aber mein Blick fiel auf die reichen Reisenden, die aus einer finanziell satten Situation kommen, aber nicht wissen, wie radikal ihre eigene Kultur das Bild der Armut zeigt: Industrialisiertes Essen, digitalisierter Alltag, tote Wohnwelten, gleichgeschaltete Bildungslandschaften, vorfabrizierter Urlaub … Und vor allem: Eine Lebenswelt ohne Zusammenhänge, alles, was uns zustößt ist gehäckselt und zeugt von Getrenntsein. Getrennt voneinander, getrennt von der Natur, getrennt von unserer Körpererfahrung.

Wie wichtig es ist, gemeinsam zu träumen

Dagegen stehen diese Sätze: „Ich habe den großen Wunsch, dass wir in dieser Zeit, die uns zum Leben gegeben ist, die Würde jedes Menschen anerkennen und bei allen ein weltweites Streben nach Geschwisterlichkeit zum Leben erwecken. Dies ist ein schönes Geheimnis, das es ermöglicht, zu träumen und das Leben zu einem schönen Abenteuer zu machen. Niemand kann auf sich allein gestellt das Leben meistern … Es braucht eine Gemeinschaft, die uns unterstützt, die uns hilft und in der wir uns gegenseitig helfen, nach vorne zu schauen. Wie wichtig ist es, gemeinsam zu träumen … Allein steht man in der Gefahr der Illusion, die einen etwas sehen lässt, das gar nicht da ist; zusammen jedoch entwickelt man Träume. Träumen wir als einzige Menschheit, als Weggefährten von gleichem menschlichem Fleisch, als Kinder der gleichen Erde, die uns alle beherbergt, jeden mit dem Reichtum seines Glaubens oder seiner Überzeugungen, jeden mit seiner Stimme, alles Brüder und Schwestern."

So hat es Papst Franziskus in seiner Enzyklika „Fratelli tutti" aus dem Jahre 2020 geschrieben. Dienstleistungen spielen sich im Horizont von Planung und Projekt ab. Träume schließen den Ausbruch in die geträumte Wildnis einer neuen sozialen Wirklichkeit ein.

Wir werden die Zeit, in der alles um Umverteilung schädlicher und paralysierender Waren ging, beenden. Jene Waren, die uns Ingenieure, Therapeuten, Bildungsexperten, Gesundheitsfachleute oder Manager angeboten haben, sind so knapp geworden, dass wir zu begreifen beginnen: Damit ist jetzt Schluss. Und darin liegt eine große Befreiungschance: Wenn wir uns nicht mehr auf die von Experten verwalteten und knappen Dienstleitungen verlassen können, tritt eine neue Tugend in unser Leben und gewinnt an Kraft: der Zweifel. Die Erneuerung der Gesellschaft muss vom Zweifel ausgehen. Das Kompetenzzentrum der neuen Gemeinschaft, in der wir eine Überlebenschance haben, ist das zweifelnde Individuum, das begonnen hat, sich von entmündigender Expertenherrschaft zu befreien. Ein gutes Leben wird in Zukunft mit der Flucht aus einer Wohlfahrtsgesellschaft beginnen, die sich ausschließlich auf professionelle und bezahlte Dienstleistungen stützt. Wir werden entdecken, was wir alles selbst können. Am Horizont einer Politik, die sich in der Nörgelei von Wohlfahrtsempfängern erschöpft, wird das Morgenrot einer neuen Gesellschaft sichtbar, die sich in Selbstbegrenzung, in einer befreienden Bescheidenheit und einem „Nein danke!" gegenüber den Zumutungen einer Gesellschaft formuliert, deren Gaben sich in unbezahlbaren Dienstleistungen erschöpfen, die zudem noch nicht mal mehr zur Verfügung stehen. „Der wichtigste Dienst, den wir der Welt und den anderen erweisen können, ist die Konversion des eigenen Herzens" – hat Ivan Illich gesagt.[153] Nicht mehr und nicht weniger steht auf der Tagesordnung einer neuen Gesellschaft, die der Dienstleistungsgesellschaft folgen muss und wird.

Welche Chance! Welche Chance?

Die Caring Society ist (k)ein Rezept

Die krisengeschüttelte Dienstleistungsgesellschaft drängt die Frage auf: Was nun stattdessen? Was rettet uns? Wo sind die Alternativen? Das ist zunächst mal eine Falle, die das Elend der Dienstleistungsgesellschaft in modifizierter Form fortzusetzen versucht. In diese Falle wollen wir nicht tappen. Dem beschriebenen Ruin der Dienstleistungsgesellschaft wird hier nicht in gewohnter Manier eine neue Rezeptur entgegengesetzt. Die Ruinen der Dienstleistungsgesellschaft eröffnen nicht den Blick auf ein glitzerndes Märchenschloss, in dem wir von alternativen Prinzen und Prinzessinnen empfangen und bedient werden.

Vor allem im Feld der Pflege ist in den letzten Jahren eine Diskussion um die sogenannte Caring Society entstanden. Diese Idee einer „sorgenden Gesellschaft" setzt sich bewusst ab von der neoliberalen Betonung der Eigenverantwortung und geht davon aus, dass wir als Gesellschaft nur existieren können, wenn wir uns auf vielfältige Weise umeinander sorgen. Sorge ist einerseits ein grundlegendes Bedürfnis, das wir als Menschen haben, anderseits eine Leistung für Personen, die Unterstützung benötigen, um ihr Leben zu bewältigen. Viele dieser Leistungen können auf einer informellen Ebene erbracht werden, zum Beispiel in der Familie, unter Freunden oder in der Nachbarschaft. Die Caring Society rückt deshalb in den Fokus, wenn es um die Krise nicht nur der Pflege geht.

Die Caring Society ist jedoch nicht das Happy End, das alle Wunden heilt und unsere Probleme aus der Welt schafft. Die Bahn wird in Deutschland auch in zehn Jahren nicht so funktionieren wie man es wohl möchte, wahrscheinlich noch nicht mal in zwanzig Jahren. Und die Caring Society wird uns keine Transportalternativen zur Verfügung stellen, die uns den Verspätungsschmerz von gestern vergessen lässt. Es wird ganz anders sein. Die Dienstleistungsgesellschaft hat uns an ein Muster gewöhnt, dessen verhängnisvolle Bedeutung wir jetzt zu spüren bekommen und mit dem wir versuchen müssen, zu Recht zu kommen. Das sind wir gewohnt: Wir haben ein Problem, wir brauchen eine Lösung! Das hat über Jahrzehnte funktioniert, das Mantra haben wir vor uns hingeredet und es hat meistens funktioniert. Aus dieser Sackgasse „Wir haben ein Problem, wir brauchen eine Lösung", müssen wir erstmal raus. Ein wenig kann man sich an die deutsche Trümmerlandschaft nach dem Ende des 2. Weltkriegs erinnert fühlen: Da kam kein Wunderkonzept um die Ecke und die Häuser standen plötzlich wieder da und die warmen Wohnungen luden zum Verweilen ein. Meine Nachbarn damals haben viele Jahre in einer Nissenhütte gewohnt. Das muss man sich vorstellen wie eine Halbtonne aus Wellblech, die auf einem Betonsockel stand. Die Wirklichkeit war so: Die Leute mussten die Trümmer wegräumen und allmählich, nach und nach das Neue aufbauen. Das ist für uns heute in der kriselnden Wohlstandsgesellschaft erst mal schwer zu begreifen und schwer zu ertragen: Nimmt man den drohenden Zusammenbruch der Dienstleistungsgesellschaft ernst, dann stehen wir erst mal vor den Trümmern des Gewohnten. Das Gefühl der Befreiung ist nicht das Erste, was da in die Seele kommt. Die allenthalben hörbaren Rufe nach der Caring Society sind eine Illusion, wenn man meint: Jetzt geht es wie vorher weiter, nur ein bisschen anders. Die Caring Society ist nicht die alternative, die grüngestrichene Variante der Dienstleistungsgesellschaft. Jetzt soll's die Caring Society richten? Wird sie nicht. Die Caring Society ist eine zarte Pflanze. Und ihr Ruin darf jeden Augenblick erwartet werden. Die Dienstleistungsgesellschaft ist in der Krise? Die wartet nur darauf, die Caring Society zur Ressource zu machen. Machen wir uns klar, dass die Dienstleistungsgesellschaft etwas Kannibalistisches hat: Sie stürzt sich auf die zarten Triebe der Caring Society, um sie mit Beschlag zu belegen und sie zu dem ‚etwas anderen' Geschäft zu machen. Kann man die Caring Society nicht kontrollieren? Kann man aus den kostenlosen Wohltaten der Caring Society nicht ein besonders profitables Geschäft machen? Sieht man diese Gefahr, dann wäre die Devise: Nicht über die Caring Society reden. Ihr Geheimnis wahren, sie vor dem Zugriff der Verwerter beschützen. Muss es also heißen: Finger weg von der Caring Society?

Die Caring Society ist kein Zukunftsding, sondern sie ist überall da und sie ist überall bedroht, sie geschieht täglich millionenfach und steht unter Dauerbeschuss. Jeder kennt zum Beispiel diese Zahlen: 80 Prozent der Pflege in Deutschland wird von Familienangehörigen oder Freunden gemacht. Ja, es sind vor allem Frauen, die das machen. Ja, diese Pflege wird nicht bezahlt. Aber das Leben unzähliger Menschen hängt davon ab. Unablässig wird ihr etwas Illegitimes angehängt. Fehlt nicht die Kompetenz? Eine Pflegewissenschaftlerin sagte mir kürzlich auf einer Veranstaltung: ‚Man muss sich das vorstellen: Das geschieht alles ohne professionelle Kontrolle.' Das ist es, das ist der Punkt. Der gescheiterte Pflegeapparat will sich das eigentlich unter den Nagel reißen, obwohl er schon jetzt bankrott ist. Aber das ist das Ärgerliche an der Caring Society: Da passiert etwas, ohne dass Geld und Profis ihre Finger drin haben. Die Probleme der familialen Pflege sind nicht klein und unübersehbar. Und es geht darum, in der Zivilgesellschaft über nachbarschaftliche Entlastung nachzudenken. Und die Männer müssen ran. Aber wehe, die Familienpflege wird der kannibalistischen Dienstleistungsgesellschaft überlassen. Es kommt schon vor und es wird häufiger geschehen, dass Pflegebedürftige keine Aufnahme in Einrichtungen finden. Die Pflege durch Familie und Freunde wird das Einzige sein, was dann bleibt. Die müssen wir stärken und verbessern, anstatt sie durch Besserwisserei kaputt zu reden. Wie soll es denn anders gehen? Werfen wir einen Seitenblick auf das große soziale Thema, mit dem wir umgehen müssen: der steigenden Zahl von Menschen mit Demenz. Es gibt da keine gute Lösung. Die hat weder das Dienstleistungsgewerbe noch die Caring Society. Aber die Menschen sind nun mal da. Es wird die Caring Society sein, die es macht oder niemand: Angehörige, Freunde, Nachbarn, Freiwillige, Leute, die von der Nächstenliebe nicht lassen können und Liebesverrückte: Soll heißen, Leute, die andere nicht leiden sehen können, sondern vor Liebe zerbersten – und die einspringen.

Das ist gemeint mit dem Satz: Die Caring Society ist da – diskriminiert, im Schatten (Gottseidank!), unsichtbar und kenntnisreich. Wieviele Menschen mit Demenz werden jeden Tag – jenseits von Geld und Professionalität – umsorgt? Es werden Millionen (unbezahlte) Stunden sein. Ich singe mit in einem Demenzchor. Den machen ehrenamtliche Frauen. Sie stehen an dem kleinen Fahrstuhl, mit dem Rollstuhlfahrer die kleine Treppe zum Chorsaal überwinden können. Sie kochen Kaffee und backen Kekse. Sie stellen die Stühle auf. Sie geleiten die Menschen an ihren Platz.

Ja, sie halten die Türen auf und ihre Geduld ist unbeschreiblich. Die alte Dame, die immer mitsingt und dann, wenn das Stück zu Ende ist, die Melodie weitersingt – und alle freuen sich daran und niemand sagt: Jetzt ist aber Schluss! Und dann wird abgewaschen und die Stühle werden wieder gestapelt. Und der Fahrstuhl wieder in Gang gesetzt. Und dann muss der Hausmeister geholt werden, weil der Fahrstuhl wieder einmal nicht funktioniert. Sie haben mal einen Zuschuss für ihre Arbeit beantragt. Den haben sie auch gekriegt. „Nie wieder!“ sagen sie. „Das war eine Bürokratie mit der Abrechnung. Das machen wir nicht noch mal.“ Die Caring Society gedeiht nur da, wo die Bürokratie nicht ist. Und wo das Geld der Profis keine Rolle spielt.

Die sorgende Gesellschaft existiert schon und noch

Die Caring Society ist kein Projekt. Sie geschieht. Man muss nur die Augen aufmachen und sie wird sichtbar. Und sie stirbt, sowie die Macher sie in ihre Finger bekommen. Dann wird aus Lebendigem tote Fäulnis. Wir brauchen eigentlich keine Caring Society, solange wir den Menschen die Freiheit lassen, ihrer Sehnsucht nach Sorge nachzugehen. Und wenn der gierige Blick der Dienstleister auf das fällt, was von „Umsonstigkeit“ getragen ist, dann muss man sie verjagen. Es wird nicht mehr lange dauern und die Menschen werden auf die untergegangene Dienstleistungsgesellschaft schauen wie auf ein absurdes Theater. Und sie werden – hoffentlich – diejenigen zum Teufel jagen, die versuchen, aus der Caring Society ein Projekt zu machen. Die Freiheit fängt da an, wo wir uns von dem Mantra verabschieden, das da lautet: Wir haben ein Problem, wir brauchen eine Lösung. Oder: Wir haben eine Krise, wir brauchen die Caring Society. Macht die Augen auf, dann seht ihr sie. Dazu passt diese Parallele: Die Demokratie in Europa lag lange in den Händen der großen christlichen oder sozialen Parteien. In Frankreich und Italien sind sie über Nacht verschwunden. Und trotzdem geht es weiter. Die Richtung gefällt uns vielleicht nicht immer, aber die Demokratie ist nicht verschwunden. Jetzt verlässt uns die Superpartei – die Dienstleistungsgesellschaft. Mal sehen, was kommt.

Die Chancen, die aus dem Ende der Dienstleistungsgesellschaft folgen, müssen wir ergreifen. Es liegt nahe, so zu jammern wie ein Baby, dem der Schnuller weggenommen wurde. Aber die Caring Society ruft Immanuel Kants Satz ins Gedächtnis, der vom ‚Ausgang aus der selbstverschuldeten Unmündigkeit' spricht. Das war (und ist) auch eine Beschreibung der Abhängigkeit von der Dienstleistungsgesellschaft. Die Rede von der „Zeitenwende" ist im Grund zu harmlos: Wir haben es mit einem Zivilisationsbruch zu tun. Die Caring Society, über die zunächst im Zusammenhang mit der Pflegekrise geredet wurde, ist die Antwort auf (fast) alle Lebensbereiche, mit denen wir es jetzt zu tun haben. Sie redet statt von Geld und Professionalität von Freundschaft (manchmal auch von Liebe). Die Caring Society beschränkt ihren Blick nicht auf Menschen. Sie hat ihren Ursprung in dem, was Abram eine „wilde Ethik" nennt, also eine Ethik, die Natur nicht nur als ausbeutbare Umwelt sieht. „Eine Menschengemeinschaft, die eine wechselseitig förderliche Beziehung zur umgebenden Erde unterhält, ist eine Gemeinschaft, von der sich sagen lässt, sie lebt in der Wahrheit".[154] Die Caring Society steht in einer lebensvollen und sensiblen Beziehung zur Natur, aus der wir kommen. Sie nimmt Abschied von der Vorstellung, dass wir die Natur beherrschen.

Und eine Caring Society ist sich nicht zu fein, um von einfachen Gesellschaften zu lernen. Ich greife ein radikales Beispiel heraus. Bei den San in Namibia (früher hat man sie Buschmänner genannt) ist der Trancetanz ein zentrales kulturelles Element. Und man tanzt ihn nicht für sich. Man tanzt ihn für die Caring Society. Die Gemeinschaft wird zur Caring Society. Wieso? Wenn ein Mitglied des Stammes, also der kleinen Gruppe, die traditionell nomadisch unterwegs ist, krank wird, dann wird für dieses Mitglied und mit dem Mitglied getanzt. Wann wird jemand krank? Die San meinen, dass Krankheit der Ausdruck ist für eine Störung in der Gemeinschaft. Und der gemeinsame Trancetanz heilt diese Krankheit. Der kranke Mensch wird berührt, gestreichelt, ist eng von den Stammesgefährten umgeben. Das kann Stunden dauern, es wird gesungen, einzelne verwandeln sich in Tiere, die sie darstellen. Das dürfte für uns ein langer Weg sein, bis wir wieder einen Begriff davon bekommen können, dass Krankheit etwas mit dem Zustand der Beziehungen unter uns zu tun hat. Kann man sich einen deutschen Gesundheitsminister vorstellen, der so etwas begreift? Dass Krankheit etwas mit den Beziehungen zwischen den Menschen (und mit der Natur) zu tun hat? Caring Society finge da an, wo die Bereitschaft demütig zu werden, aufflammt. Und der Tanz der San ist eben kein Rezept, sondern lebendiges Tun, radikale Empathie. Deshalb ist dieses Beispiel auch nicht so gedacht: Macht das nach! Sondern es kann unsere erfrorenen Gefühle wecken und unsere Aufmerksamkeit dafür aus dem Tiefschlaf holen, dass unsere Leiden immer zumindest auch gesellschaftliche Leiden sind. Was für eine Chance! Die Caring Society lehrt uns den Nächsten sehen. Und das ist zu hoffen: Dass diese neue Kultur, die sich aus technokratischen Fesseln befreit hat, allmählich alle Lebensbereiche durchsäuert. Darum ist es notwendig zu sehen, dass Caring Societies aus Caring Communities erwachsen müssen, also aus lokalen sorgenden Bezügen. Kann man hoffen, dass diese basisorientierte Sorge letztlich Regierungen infiltriert? Dass mehr Beteiligung an den Regierungsstrukturen durch aktive Bürgerinnen und Bürger denkbar ist? Und wie lässt sich verhindern, dass Administrationen lebendige lokale Strukturen in technokratische Strukturen, die auf Standardisierung und Qualitätskontrolle aus sind, umwandeln?

Wachstum ohne Ende?

Eine Analyse, wie das Ausgreifen der Caring Society auf verschiedene Lebensbereiche vorstellbar ist, kann man bei Niko Paech finden. Er entwirft das Bild einer Postwachstumsökonomie. Die modernen Gesellschaften haben mit ihrem wachsenden Wohlstand Entgrenzungsmechanismen in Gang gesetzt, deren schädigende Folgen unübersehbar sind. Moderne Gesellschaften sind von Fremdversorgung abhängig und stehen gleichzeitig unter Wachstumszwang. Neben den ökologischen Schäden, die durch diese Fremdversorgung entstehen, sieht Paech auch eine Überforderung der Menschen, die im Zusammenhang mit der „verantwortungslose(n) Selbstverwirklichung durch materiellen Konsum“ steht. Das Wohlbefinden der Menschen steigere sich nicht durch mehr Geld und Konsum, sondern durch zwischenmenschliche Beziehungen, Gesundheit, Anerkennung und eine als intakt empfundene Umwelt.[155] Paech ist befasst mit der Frage, wie Wachstumszwänge aufgehoben werden können. Er verweist auf institutionelle Innovationen, Regionalökonomie, Subsistenz und Suffizienz (das meint den möglichst geringen Ressourcenverbrauch). Man könnte sagen, Niko Paech beschreibt die Ökonomie so wie hier die

Dienstleistungsgesellschaft beschrieben wurde: Sie ist in einer Sackgasse gelandet. Mit dem Verweis auf die Möglichkeit von Selbstbegrenzung und auf die Bedeutung zwischenmenschlicher Beziehungen schlägt er einen Weg vor, der als Parallele zur Caring Society verstanden werden kann.

In ihrem Roman „Die langen Abende“ erzählt Elizabeth Strout von einer Episode zwischen zwei Frauen: Olive und Cindy.[156] Olive ist eine pensionierte Lehrerin, die am Ende des Romans in ein Pflegeheim einziehen wird. Sie trifft auf Cindy. Die ist eine ehemalige Schülerin von Olive, die einmal eine eher gefürchtete Lehrerin war. Sie lebt mit ihrem Mann Tom in einer kleinen amerikanischen Stadt. Cindy ist an Krebs erkannt, die Chemotherapie setzt ihr sehr zu, sie schleppt sich in einen Supermarkt, um einzukaufen. Vor dem Kühlregal versucht Cindy, Waren aus dem Regal zu holen, was ihr nicht gelingt. Da streckt sich plötzlich eine große, ältliche Hand von hinten über sie hinweg und holt das Stück Butter, das Cindy nicht erreichen kann. Man erkennt sich, geht aber auseinander. Olive ist berührt von der Begegnung und sucht Cindy unangemeldet auf („ich fahr da hin und schau nach dem Mädel!“). Es wird ein tiefes, berührendes Gespräch. Cindy beschreibt ihre Scham und Einsamkeit: „Wie die Leute mich anschauen, ich mag nicht mehr rausgehen.“ Sie fühlt sich einsam, sie klagt über ihren Mann, der so tut, als fehle ihr nichts. Olive erzählt von ihren Verlusten und ihren Schmerzen. Es entsteht ein Gespräch zu den großen Lebensthemen – über die Liebe, das Scheitern, über das, was man bereut und anderes mehr. Patrick Schuchter und Klaus Wegleitner, die diese Geschichte erzählen, lesen sie als eine Geschichte, in der die elementaren Gesten der Caring Society sichtbar werden. Lässt sich diese Episode auch so lesen, dass sie etwas über Organisationen, über Institutionen und über Politik sagt?

Sorgende Gemeinschaften werden von der Einsicht getragen, dass ein gutes, am gesellschaftlichen Leben weiter teilnehmendes Leben, wenn man der Sorge bedürftig wird, sich weder allein durch Hilfsorganisationen noch allein durch familiäre Care-Arbeit ‚herstellen‘ lässt. „Es bedarf einer lebendigen Achtsamkeit, Präsenz und Kultur der Sorge im ‚dritten Sozialraum‘, wo einander Un- oder Halbbekannte begegnen und beispringen. Sorgende Gemeinschaften sind nicht einfach nur Sorgenetze, sondern haben eine Bedeutung für die Frage des gesellschaftlichen Zusammenhalts.“[157]

Schuchter und Wegleitner sprechen hier von dem, was oben gesagt wurde: Dass die Caring Society eigentlich die stille und selbstverständliche, aber oft nicht wahrgenommene Voraussetzung unseres Lebens ist. Sie ist auch deshalb so in den Schatten gerückt, weil das Menschenbild der Moderne den autonomen, selbstoptimierten Menschen ins Zentrum stellt (‚wenn ich das nicht selbst hinkriege, dann bin ich nur eine Last'). So wie Olive am Supermarktregal etwas tut, was sie nicht muss, so können natürlich auch Organisationen und Institutionen etwas tun, was über ihren Horizont hinausgreift. Da hält der Sportverein noch Kontakt mit ehemalig aktiven Mitgliedern, die nun nicht mehr dabei sein können. Eine Schulklasse macht Besuche in einem Pflegeheim und man lernt voneinander. Ein Bürgermeister macht mit Seniorinnen und Senioren eine Begehung des Sozialraums, wobei festgestellt wird, dass die Älteren schon rausgehen würden, dass aber eine Toilette oder eine Sitzbank fehlt. Der Demenzchor, der oben erwähnt wurde, macht Ausflüge zum Markt, in eine Generalprobe des Theaters oder in ein Museum. Was könnte in dieser Richtung nicht alles geschehen, um Einsamkeit und Kontaktlosigkeit zu überwinden, wenn Institutionen und einzelne Initiativen in solche Richtungen tätig würden? Schuchter und Wegleitner knüpfen noch einmal an die Geschichte von Olive und Cindy an und machen darauf aufmerksam: Die Pflegeperson, die zu Cindy kommt, steht unter Zeitdruck, ein Gespräch kommt da nicht auf. Cindys Mann scheint die Krankheit zu leugnen, auch das macht das Gespräch unmöglich. Wäre Oliver nicht kurzerhand zu Cindy aufgebrochen, hätte es das tiefe Gespräch nicht gegeben. Eine Caring Society braucht Orte und Räume, in denen existentielle Fragen auf die Tagesordnung kommen können. Und Administrationen, die die Sprachlosigkeit vieler Menschen und ihre Einsamkeit wahrnehmen, könnten sich aufraffen, um Möglichkeiten für solche Begegnungen zu schaffen. Caring Societies umgehen nicht die Grundfragen des menschlichen Zusammenlebens und des sozialen Zusammenhalts. Es bedarf vielmehr einer Kultur des Gebens, die nicht kapitalistischer Verwertungslogik unterworfen ist, sondern die Bilder gemeinwohlorientierten Zusammenlebens in den Vordergrund stellt. Das freilich ist einfacher gesagt als getan. Wie wird künftig das Verhältnis zwischen kriselnder Dienstleistungsgesellschaft und Sorgender Gemeinschaft aussehen? Das wird eine Schicksalsfrage …

Metamoderne

„Wir sind am Beginn eines Zeitalters angekommen, in dem es nicht mehr um die Verwirklichung von Ideen und das Ingangsetzen irgendwelcher Veränderungen geht, sondern um eine Verwandlung, die immer mehr Menschen in ihrem Inneren erleben dürfen, weil sie sich in ihnen vollzieht. Vieles spricht dafür, diese neue Epoche als Metamoderne zu bezeichnen. Wenn es innerhalb eines Kulturkreises zu einer solchen Veränderung der inneren Haltungen und Überzeugungen bei einer kritischen Masse der Bevölkerung gekommen ist, so entsteht ein neuer Geist und die Menschen beginnen – jeder und jede Einzelne für sich und alle gemeinsam – über sich hinauszuwachsen." So hat es Gerald Hüther beschrieben.[158] Diese Metamoderne ist – so könnte man sagen – das theoretische Fundament der Caring Society. Der Erfolg der Caring Society hängt davon ab, dass die Bedingungen, die die Ausbreitung dieses neuen Geistes behindern, kritisiert und beseitigt werden. Die Caring Society ist – wie gesagt – kein Konzept, sondern sie spricht von der Gemeinschaft, die sich ‚kümmert'. Das heißt genau genommen, sie ist die Gemeinschaft, die den ‚Kummer' des anderen teilt und ihn so tragbar macht. Und letztlich steckt in der ‚Caring' Society ja die ‚Caritas', die Liebe. Noch einmal Ivan Illich: „Versuche nicht, das Krankenhaus oder die Schule zu humanisieren, sondern frage immer: Was kann ich genau in diesem Augenblick tun, in diesem einmaligen Hier und Jetzt, in dem ich mich gerade befinde."[159] Im Grunde ist die ‚Caring Society' nur ein anderes Wort für die uralte Sache und das uralte Wort: Gastfreundschaft. Die moderne Dienstleistungsgesellschaft hat an allen Ecken und Enden versucht, die Gastfreundschaft auszulöschen und durch ‚service' zu ersetzen. Die Moderne – so Ivan Illich – ist charakterisiert durch den Verlust der ‚gratuity' – er hat versucht, dieses Wort mit „Umsonstigkeit" zu übersetzen. Die Caring Society hat das Gute im Blick, nicht das ‚Wert'volle. Der barmherzige Samariter macht das, was er macht, weil es gut ist. Nicht weil der, der unter die Räuber gefallen ist, gerettet werden muss oder weil er medizinische Hilfe braucht oder etwas zu essen braucht, steigt der Samariter von seinem Pferd, sondern weil er den Schmerz des unter die Räuber Gefallenen in seinen Eingeweiden spürt und gar nicht anders kann als anzuhalten. Und diese gute Tat, die ‚umsonst' ist, kann zugleich nicht aus ihm, dem Samariter, kommen, sondern sie geschieht, weil das Du, der Andere, sie aus ihm herauslockt.[160] Das ist das letzte Geheimnis der Caring Society: Olive, von der oben gesprochen wurde, kann in diesem Augenblick nicht anders als das Paket Butter für Cindy aus dem Regal zu holen. Der Samariter kann nicht anders als vom Pferd steigen und den Verwundeten verbinden. Die Dienstleistungsgesellschaft hat diese Ursprungsliebe zerstört. Sie steht ständig im Wege und hindert mich an dem, was möglich wäre. Das ist die Chance, die die Krise der Dienstleistungsgesellschaft uns schenkt. Die Caring Society bekommt ihre verschüttete Möglichkeit zurück, die heißt: Ich helfe Dir. Umsonst. Weil ich nicht anders kann. Das ist der Beginn des Neuen Zeitalters, von dem eben die Rede war. „Die Vorstellung, die Welt könne und müsse so gestaltet werden, wie es für die immer effizientere Umsetzung der jeweils erfolgten Absichten und Ziele gebraucht wird, ist Ausdruck des Selbstverständnisses der Mitgestalter einer zu Ende gehenden Epoche, die wir heute als ‚Moderne' bezeichnen … Deshalb wächst nun auch die Bereitschaft eines wachsenden Anteils der Bevölkerung, ihr bisheriges Selbstverständnis infrage zu stellen … (es geht) um eine Verwandlung, die immer mehr Menschen in ihrem Inneren erleben dürfen, weil sie sich in ihnen vollzieht."[161] Die Caring Society wartet mit ausgebreiteten Armen auf uns. Sie fordert nichts, sie ermöglicht alles.

Schlussbemerkung

Wer heute schreibt, sieht sich zwingend mit der fragenden Forderung konfrontiert: „Wo bleibt das Positive?" Je finsterer die Zeiten, desto größer ist dieser Druck. Das ist ja auch verständlich. Gerade habe ich die Nachrichten gehört. Von den Korallenriffen, Lebensort für Tausende von Arten, wird angesichts des Klimawandels nichts bleiben. Sie verblassen und sterben. Ich kenne diese Korallenriffe nur aus Dokumentarfilmen im Fernsehen. Ich werde ihr totales Ende auch nicht erleben. Und dennoch fühle ich bei dieser Nachricht einen Schmerz. Dieses Buch ist mit dem doppelten Empfinden und der doppelten Absicht geschrieben: Den Schmerz nicht zu verdrängen und die Hoffnung nicht aufzugeben. Vieles drängt uns dazu, den Schmerz zu verschleiern und die Hoffnung zu Asche werden zu lassen. Optimismus ist kriminell, Hoffnung nicht. In diesem Sinne bleibt am Ende dieses Buches die respektvolle und demütige Verbeugung vor einem Satz Franz Kafkas. Es ist ein Satz über Bücher. Dem radikalen Satz Kafkas wird dieses Buch nicht gerecht. Aber dieses Buch hinkt unbeirrt dem Satz hinterher und möchte gern einen Hauch davon realisiert haben. „Wir brauchen aber die Bücher, die auf uns wirken wie ein Unglück, das uns schmerzt, wie der Tod eines, den wir lieber hatten als uns, wie wenn wir in Wälder verstoßen würden, von allen Menschen weg, wie ein Selbstmord, ein Buch muss die Axt sein für das gefrorene Meer in uns. Das glaube ich."[162] Eine Axt für das gefrorene Meer in uns.

Anmerkungen

1 Sheldon S. Wolin: Umgekehrter Totalitarismus. Faktische Machtverhältnisse und ihre zerstörerischen Auswirkungen auf unsere Demokratie, Frankfurt am Main 2022 (Westend Verlag), S. 18.

2 Zit. kreuzer online 04.02.2024 (zuletzt besucht am 09.02.2024). Im Oktober und November 2023 fanden vor dem Neuen Rathaus in Leipzig Mahnwachen unter dem Motto „Es donnert in den Kitas!" statt.

3 Ebd. Vgl. auch die Studie des Deutschen Kitaleitungskongresses (DKLK) 2023 mit dem Themenschwerpunkt: Personalmangel in Kitas im Fokus. Eine bundesweite Befragung unter 5.387 Kitaleitungen.

4 Wolin a. a. O. S. 24.

5 Ebd. S. 21.

6 Ebd. S. 27.

7 André Gorz: Der Verräter (1960), überarb. Neuauflage 2008 (Rotpunktverlag), S. 381.

8 Weltwärts siehe: www.ein-jahr-freiwillig.de (zuletzt besucht am 02.02.2024).

9 Spiegel online 15.02.2024, (zuletzt besucht am 16.02.2024). Umfrage der Beratungsagentur Auctority zusammen mit dem Meinungsforschungsunternehmen Civey.

10 Anant Agarwala/Maximilian Probst: Aufwachen! In: Die Zeit vom 15.02.2024, S. 27.

11 Spiegel online 21.02.2024 (zuletzt besucht am 23.02.2024).

12 Franz Schandl: Die große Ratlosigkeit. Notizen zu Resignation und Erschöpfung, Transposition und Perspektive, in: Streifzüge 2016, Nr. 68.

13 www.aerzteblatt.de vom 27.02.2023 (zuletzt besucht am 20.01.2024).

14 DAK-Gesundheitsreport, herausgegeben von Andreas Storm, 19.01.2024, dak.de; vgl. auch spiegel online 19.01.2024 (zuletzt besucht am 19.01.2024).

15 Mitteilung in der Tagesschau unter Bezug auf eine Studie des Verbandes der forschenden Unternehmen (VFU), zit. www.tagesschau.de vom 26.01.2024 (zuletzt besucht am 02.02.2024).

16 In: spiegel online am 21.01.2024 (zuletzt besucht am 21.01.2024) unter Bezug auf ein Interview in BILD am Sonntag.

17 Siehe dazu: Jeremy Rifken: Das Zeitalter der Resilienz. Leben neu Denken auf einer wilden Erde, Frankfurt am Main 2022 (Campus).

18 Charles Eisenstein: Eine Handvoll Staub und Knochensplitter, München 2023 (massel), S. 13f.

19 Spiegel online vom 26.01.2024 (zuletzt besucht am 26.01.2024).

20 Spiegel online vom 02.02.2024 (zuletzt besucht am 02.02.2024.)

21 www.amp.zdf.de 09.01.2024 (zuletzt besucht am 02.02.2024).

22 Frankfurter Rundschau online vom 15.02.2024 (zuletzt besucht am 16.02.2024).

23 Claudia Wengerin: Migration und Bildungschancen. Wo Schulpflicht nur noch Theorie ist", in: telepolis.de

vom 15.05.2024 (zuletzt besucht am 18.05.2024.)

24 Siehe katholisch.de am 06.10.2017 (zuletzt besucht am 17.05.2024).

25 Vgl. dazu Reimer Gronemeyer: Der Niedergang der Kirchen. Eine Sternstunde? München 2020 (Claudius).

26 Bericht „rabiat“ in 3sat am 15.05.2024.

27 So David Graeber: Bürokratie. Die Utopie der Regeln, Stuttgart 2016 (Klett-Cotta), S. 199 und 154. Die folgenden Ausführungen beziehen sich stark auf dieses brillante Buch.

28 Siehe Cornelia Coenen Marx, Newsletter Nr. 29, Februar 2024, newsletter@seele-und-sorge.de.

29 Destatis Atlas 2019, zitiert in: Milosz Matuschek: Freischwebende Intelligenz, The Power of the Bauer vom 07.01.2024, zuletzt besucht am 25.02.2024.

30 https://www.bund.net/umweltgifte/?gad_source=5&gclid=EAIaIQobChMI2-m9i8TihwMVTKSDBx0CWjkpEAAYASAAEgJMafD_BwE, zuletzt besucht am 07.08.2024.

31 https://umweltinstitut.org/landwirtschaft/glyphosat/, zuletzt besucht am 07.08.2024.

32 Spiegel online 25.02.2024.

33 Greenpeace Magazin, Ausgabe 2.24, März/April 2024, S. 34.

34 Zit. spiegel online 28.12.2023, zuletzt besucht am 28.12.2023.

35 Andreas Weber: Essbar sein. Versuch einer biologischen Mystik, Klein Jasedow 2023 (thinkOya), S. 82.

36 Ebd.

37 Jonas Metzger: Mehr als eine Ressource – die soziale Bedeutung lokaler Saatgutsysteme und des Saatguttausches im Globalen Süden. Das Beispiel Tansania, Wiesbaden 2022 (Springer VS Wiesbaden)

38 Michaela Fink: Labor Turnover in Ethiopia's Textile Industry. A hotspot of Social Transformation, Bielefeld 2024 i.E. (transcript).

39 Uwe Pörksen: Plastikwörter: Die Sprache einer internationalen Diktatur, Stuttgart 2011 (Klett-Cotta)

40 Siehe Duden: Das Herkunftswörterbuch. Etymologie der deutschen Sprache, 2. Auflage Mannheim/Wien/Zürich (Dudenverlag).

41 Meyers Großes Konversationslexikon, sechste Auflage, Vierter Band Leipzig 1908, S. 89.

42 www.weclapp.de. Vgl. dazu Peter Gross: Die Verheißungen der Dienstleistungsgesellschaft. Soziale Befreiung oder Sozialherrschaft? Opladen 1983 (Westdeutscher Verlag); Philip Banse/Ulf Buermeyer: Baustellen der Nation. Was wir jetzt in Deutschland ändern müssen, Berlin 2023 (Ullstein).

43 www.Juraforum.de

44 Christian Girschner: Die Dienstleistungsgesellschaft. Zur Kritik einer fixen Idee. Köln 2003 (PapyRossa).

45 Ivan Illich: Entmündigende Expertenherrschaft, in: Ders. e.a.: Entmündigung durch Experten. Zur Kritik der Dienstleistungsberufe, Reinbek 1979 (Rowohlt), S. 20f.

46 Ebd S. 15.

47 Zit. bei Marianne Gronemeyer: Dienstleistung, in: Reimer Gronemeyer/Charlotte Jurk (Hg.): Entprofessionalisieren wir uns! Ein kritisches Wörterbuch über die Sprache in Pflege und sozialer Arbeit, Bielefeld 2017 (transcript), S. 77. Der Artikel von Marianne Gronemeyer stellt im Übrigen die „Fußwaschung“ Jesu (Johannesevangelium 13) als ein Beispiel für den „Dienst“ dar, der noch nicht in die Hände von Experten geraten ist, S. 75ff.

48 Zit. David B. Schwartz: Who Cares? Rediscovering Community, Colorado 1997 (Westview Press), S. 25.

49 Simon Sahner/Daniel Stähr: Presie steigen nicht . Sie werden erhöht., in: der Freitag, Nr. 13, 27. März 2024, S. 16.

50 Ebd.

51 Zeit online am 28.03.2024, zuletzt besucht am 30.03.2024.

52 Andrea Newerla: Das Ende des Romantikdiktats, München 2023 (Kösel).

53 Ivan Illich: In den Flüssen nördlich der Zukunft. Letzte Gespräche über Religion und Gesellschaft mit David Cayley, München 2020 (C.H.Beck), S. 252.

54 ZEIT-Magazin vom 22. Mai 2024 (zeit.de).

55 Dorothea Mladenova: Selbstoptimierung bis in den Tod. Aktive Lebensendplanung in Japan, Bielefeld 2023 (transcipt).

56 Ebd. S. 20.

57 Dieser Abschnitt bezieht sich auf Überlegungen zu diesem Thema bei Reimer Gronemeyer: Ist Kommunikation ein Plastikwort?, in: Ulrike Geiger/Katharina Heimerl: Kommunizieren in Palliative Care und Hospizarbeit, Esslingen 2024 (Hospizverlag).

58 In der abendländischen Geschichte gewinnt der Begriff Kommunikation bei Thomas von Aquin an Bedeutung, „communicatio" spricht vom Akt des Erschaffens, der von Gott seinen Ausgang nimmt. Kommunikation ist also ursprünglich „Schöpfung". In neuerer Zeit dringt der Begriff aus der Mathematik in die Philosophie, die Psychologie und in die Geisteswissenschaften ein. Aus dem anfänglich religiös verstandenen Begriff wird so ein modernes technisches Instrument, das auf die Mathematisierung aller Lebensverhältnisse hinausläuft. Siehe: Historisches Wörterbuch der Philosophie, herausgegeben von Joachim Ritter und Karlfried Gründer, Band 4, Basel/Stuttgart 1976, Spalte 893-895.

59 Uwe Pörksen: Plastikwörter, a. a. O.. Pörksen nennt als Beispiele u. a. Fortschritt, System, Konsum, Identität, Entwicklung, Beziehung …

60 Novalis: Werke, Tagebücher und Briefe, herausgegeben von H.-J. Mähl und R. Samuel, 3 Bände, Wien, München 1978, Band II, S. 334. Diesen Hinweis verdanke ich Gerd Achenbach.

61 Die Geschichte erzählt David B. Schwartz: Who Cares?, a. a. O..

62 Wendell Berry: Körper und Erde. Essay über gutes Menschsein, Klein Jasedow 2016 (thinkOya), S. 39. Bei Wendell findet sich auch das Shakespeare-Sonett, S. 26.

63 Theodor W. Adorno: Minima Moralia – Reflexionen aus dem beschädigten Leben, Berlin 2023 (Suhrkamp).

64 Schwartz a. a. O. S. 144f.

65 Siehe https://www.srf.ch/audio/sternstunde-philosophie/thomas-fuchs-macht-uns-die-gesellschaft-krank?id=12514946, zuletzt besucht am 07.08.2024.

66 Erich Fromm: Die Pathologie der Normalität des heutigen Menschen, E-Book-Ausgabe 2015, Open Publishing Rights München

67 Michel Foucault: Überwachen und Strafen. Die Geburt des Gefängnisses. Frankfurt am Main 1977 (Suhrkamp), S. 339.

68 Ebd. S. 387.

69 Ebd. S. 394.

70 Ebd. S. 396.

71 Ebd.

72 Elias Canetti: Die Provinz des Menschen. Aufzeichnungen 1942-1972, Frankfurt am Main 1981, (S. Fischer) S. 228.

73 Thilo Komma-Pöllath: Champagner trinken, aber nicht wählen gehen. In: der Freitag Nr. 11, 14.03.2024, S. 5.

74 Siehe Thomas Fuchs a. a. O

75 Klaus Schwab/Thierry Malleret, Covid-19. Der grosse Umbruch, Merching 2020 (Forum Publishing).

76 Siehe z. B. den Eintrag "Qanon" bei Wikipedia, zuletzt besucht am 07.08.2024.

77 Thomas Fuchs a. a. O.

78 https://tobyrogers.substack.com/notes, 17.03.2024 (zuletzt besucht am 07.08.2024).

79 Ivan Illich: Kirche ohne Macht. Beiträge zur Feier des Wandels, Münster 2023 (Aschendorff) S. 176.

80 Zeit online vom 19.03.2024. Zuletzt besucht am 19.03.2024.

81 Euronews 15.01.2024.

82 Ivan Illich: In den Flüssen, a. a. O.

83 Zit. bei Frank Viola: Next-Wave Church & Culture. Unveröffentlichtes Manuskript 2015, liegt der Stiftung Convivial vor, www.convivial.de.

84 https://de.wikipedia.org/wiki/Just_Eat_Takeaway (zuletzt besucht am 19.05.2024).

85 Destatis Atlas 2019.

86 Rebecca Solnit: Tod einer Stadt. San Franzisco verkommt zum Experimentierfeld der Techmilliardäre aus dem Silicon Valley. In: Le Monde diplomatique, April 2024, S. 12f.

87 Ebd.

88 Zit. bei Sybille Meier, Nachwort in: Roland Schimmelpfennig: Anthropolis: Ungeheuer. Stadt. Theben, Frankfurt am Main 2023 (S. Fischer) S. 489

89 David Graeber/David Wengrow: Anfänge. Eine neue Geschichte der Menschheit, Stuttgart 2022 (Klett-Cotta), S. 21.

90 Sybille Meier a. a. O. S. 492.

91 Zit. ebd.

92 Sascha Lobo: Der deutsche Lumpen-Pazifismus, spiegel online 20.04.2024 (zuletzt besucht am 19.05.2024).

93 Ivan Illich, The Message of Bapu's Hut, in: Ders.: In the Mirror of the Past, New York, London 1992, S. 65-70. (Übersetzung Marianne Gronemeyer)

94 Ivan Illich: In den Flüssen a. a. O. S. 227. Vgl. auch Reimer Gronemeyer: Der Niedergang der Kirchen. Eine Sternstunde? München 2020 (Claudius).

95 Norbert Blüm, zit. in: Sheldon S. Wolin. Umgekehrter Totalitarismus. Faktische Machtverhältnisse und ihre zerstörerischen Auswirkungen auf unsere Demokratie. Mit einer Einführung von Rainer Mausfeld, Frankfurt am Main 2022 (Westend Verlag), S. 38.

96 Ivan Illich: In den Flüssen nördlich der Zukunft. Letzte Gespräche über Religion und Gesellschaft mit David Cayley, München 2006 (C.H.Beck) S. 34.

97 Mausfeld bei Wolin, a. a. O. S. 34.

98 zit. nach Ijoma Mangold: Zeit online, 23.02.2024, zuletzt aufgerufen am 08.08.2024.

99 Ebd.

100 Zit. in einem Artikel von Tobias Riegel: Habeck und die Schocktherapie, nachdenkseiten.de vom 27. Mai 2024.

101 https://de.statista.com/statistik/daten/studie/153823/umfrage/allgemeines-vertrauen-in-die-deutsche-regierung/, zuletzt besucht am 4.5.2024.

102 Zit. bei Tobias Riegel, a. a. O

103 Wolin a. a. O. S. 464.

104 ZEIT Online 1. Juli 2014.

105 https://taz.de/Vertrauensstudie-der-Uni-Bielefeld/!5877576, zuletzt aufgerufen am 08.08.2024

106 Charles Eisenstein, Juni 2023: https://open.substack.com/pub/charleseisenstein/p/notes-on-privilege?

107 Ebd.

108 Ivan Illich: In den Flüssen, a. a. O. S. 59. Vgl. auch: Marianne Gronemeyer: Die Macht der Bedürfnisse, Darmstadt 2009 (WBG).

109 Ich folge hier einem Aufsatz „Vom Recht auf Angst", den Ivan Illich am 16. November 1977 in Graz bei Amnesty International gehalten hat (Manuskript 1977).

110 Ebd. S. 6.

111 Harriet Sherwood: Dutch woman, 29, granted euthanasia approval on grounds of mental suffering, in: theguardian.com am 16.05.2024 (zuletzt besucht am 19.05.2024).

112 Ivan Illich: Die Nemesis der Medizin. Die Kritik der Medikalisierung des Lebens, 4. Auflage München 1995 (C.H. Beck), S. 9.

113 Ebd. S. 16.

114 Ebd. S. 208.

115 Jean-Claude Polack: La mediicine du capital, Paris 1970 (Maspero) S. 216.

116 Vgl. dazu: Reimer Gronemeyer/Andreas Heller: Suizidassistenz. Warum wir eine solidarische Gesellschaft brauchen! Esslingen 2021 (der hospiz verlag).

117 Ivan Illich: Introduction to Mortality, Manuskript 1990.

118 Erich Fromm: Zum Gefühl der Ohnmacht, 2016 (e-book, Open Publishing).

119 Sascha Lobo, a. a. O

120 Kristian Stemmler in: Junge Welt vom 18.03.2024, Seite 4.

121 Diese „Stimme der Kriegskinder zum Krieg in der Ukraine" wurde von Marianne Gronemeyer und Reimer Gronemeyer verfasst und von zahlreichen Menschen unterzeichnet. Es ist vielfach veröffentlicht, u. a. im Demenz Magazin Nr. 60, 2024, S. 48f.

122 Erich Fromm: Anatomie der menschlichen Destruktivität, Stuttgart 1974, S. 301.

123 Eugen Drewermann: Nur durch Frieden bewahren wir uns selber! https://www.youtube.com/watch?v=-mweph5saoQ

124 https://charleseisensteindeutsch.substack.com/p/siehst-du-den-roten-faden, 22.02.2024 (zuletzt besucht am 20.05.2024).

125 Ursula K. Le Guin: Erdsee. Die illustrierte Gesamtausgabe, neu übersetzt von Karen Nölle, Hans-Ulrich Möjring & Sara Riffel, Frankfurt am Main2018 (Fischer Tor), S. 381. https://charleseisenstein.substack.com/p/the-farthest-shore, zuletzt besucht am 07.08.2024.

126 Elias Canetti: Die Provinz des Menschen. a. a. O., S. 67.

127 Max-Planck-Gesellschaft: Der Homo sapiens ist älter als gedacht, 07.06.2017, https://www.mpg.de/11322546/homo-sapiens-ist-aelter-als-gedacht(zuletzt besucht am 20.04.2024).

128 Ursula K. Le Guin: Am Anfang war der Beutel. Warum uns Fortschritts-Utopien an den Rand des Abgrunds führten und wie Denken in Rundungen die Grundlage für gutes Leben schafft, übersetzt von Matthias Fersterer, Klein Jasedow 2020 (thinkOya) S, 37.

129 Ebd.

130 Felix Lill: Obdachlosigkeit in Japan. Die Unsichtbaren, in: Tagesspiegel vom 22.10.2014, https://www.tagesspiegel.de/gesellschaft/die-unsichtbaren-3594724.html; zuletzt besucht am 25.12.2023.

131 Wim Wenders Film "Perfect Days" (2023) ist ein Film über einen Dienstleister: Hirayama ist Toilettenreiniger in Tokio. Der Film zeigt, wie die Einfachheit seines Lebens ihm das ersehnte Glück gibt.

132 https://www.telepolis.de/features/Obdachlos-und-systemrelevant-Warum-das-kein-Widerspruch-ist-9582214.html, 24.12.2023. Zuletzt besucht am 07.08.2024.

133 Ebd.

134 https://www.aerzteblatt.de/nachrichten/150883/Obdachlose-Oberstes-US-Gericht-prueft-Regeln-gegen-Schlafen-im-Freien, zuletzt besucht am 08.08.2024.

135 Rebecca Solnit, a. a. O., S. 13.

136 19.04.2024 theguardian.com (zuletzt besucht am 31.05.2024).

137 „Monday was hottest recorded day on earth" The Guardian 24.07.2024, zuletzt besucht am 01.08.2024.

138 liebscher-bracht.com unter Bezug auf eine Bertelsmann-Studie. Zuletzt besucht am 01.08.2024.

139 Ivan Illich: Die Nemesis der Medizin, a. a. O. S. 9f.

140 Siehe dazu: Reimer Gronemeyer/Oliver Schultz: Die Rettung der Pflege. Wie wir Care-Arbeit neu denken und zur sorgenden Gesellschaft werden, München 2023 (Kösel).

141 Zit. nach Oya-Almanach 2024, Klein Jasedow 2024, S. 254.

142 Aus: Wilde Weihnachten, Weihnachtszeitung 12/2023 von Günther W. Riehl, Bad Bergzabern.

143 Vgl. dazu Cornelia Coenen-Marx, Newsletter 29, Februar 2024: „In interesting times…", https://www.seele-und-sorge.de/?page_id=7598), zuletzt besucht am 07.08.2024.

144 Ursula K. Le Guin: Keine Zeit verlieren. Über Alter, Kunst, Kultur und Katzen, München 2018 (Golkonda Verlag), Pos. 304.

145 Ebd. S. 9.

146 Siehe Rebecca Solnit: Hope in the Dark. Untold Histories, Wild Possibilities, Chicago 2016 (Haymarket).

147 Rebecca Solnit zit. im Oya-Almanach 2024, a. a. O. S. 15.

148 Erike Hofedank: Die fürsorgende Zwiebel. Wie kann es gelingen, gemeinschaftlich gut füreinander zu sorgen, auch bei Behinderung, Krankheit und im Alter?, in: Oya-Almanach 2024, a. a. O. S. 105-107.

149 Reimer Gronemeyer/Oliver Schultz: Die Rettung der Pflege. Wie wir Care-Arbeit neu denken und zur sorgenden Gesellschaft werden, München 2023 (Kösel).

150 https://www.guernicamag.com/hugo-blanco-future-indigenous-climate-change/, 11.12.2017, zuletzt besucht am 07.08.2024.

151 Ebd.

152 Zit. Oya-Almanach 2024, a. a. O. S. 18.

153 David Cayley: Ivan Illich in Conversation, Ontario 1992 (Anansi Press) S. 213.

154 David Abram: Im Bann der sinnlichen Natur – die Kunst der Wahrnehmung und die Mehr-als-Menschliche Welt, Klein Jasedow 2015 (thinkOya) S. 19.

155 Vgl. zum Beispiel Niko Paech: Befreiung vom Überfluss – Auf dem Weg in die Postwachstumsökonomie, 8. Auflage München 2015 (oekom); siehe auch: Manfred Folkers/Niko Paech: All you need is less. Eine Kultur des Genug aus ökonomischer

und buddhistischer Sicht, München 2020 (oekom).

156 Die folgenden Ausführungen beziehen sich auf den eindrucksvollen Artikel von Patrick Schuchter und Klaus Wegleitner: Elementare Gesten sorgender Gemeinschaften, https://www.hospiz.at/blog/elementare-gesten-sorgender-gemeinschaften/ Vgl. auch Ulrike Knobloch u. a.: Caring Societies – Sorgende Gesellschaften. Neue Abhängigkeiten oder mehr Gerechtigkeit? Weinheim/Basel 2022 (Beltz Juventa); Reimer Gronemeyer/Patrick Schuchter/ Klaus Wegleitner (Hg.): Care – Vom Rande betrachtet. In welcher Gesellschaft wollen wir leben und sterben? Bielefeld 2021 (transcript).

157 Schuchter und Wegleitner a. a. O

158 Maik Hosang/Gerald Hüther (Hg.): Die Metamoderne. Neue Wege zur Entpolarisierung und Befriedung der Gesellschaft, 2024

159 David Cayley: The Rivers north of the Future. The Testament of Ivan Illich, Totonto 2005 (Anansi) S. 222.

160 Ebd. S. 227.

161 Gerald Hüther a.a.O,

162 Zit. bei Rüdiger Safranski: Kafka. Um sein Leben schreiben, München 2024 (Hanser) Position 236.

Dank

Christoph Schottes hat dieses Manuskript für den Start des neuen Verlages „edition einwurf“ ausgewählt. Dafür bin ich sehr dankbar und wünsche dieser Neugründung Erfolg und Resonanz. Aenne Glienke, Agentur für Autoren und Verlage, hat den Kontakt zur „edition einwurf“ hergestellt, sie hat mich wie schon oft, so auch bei diesem Exposé beraten, mich beim Schreiben ermutigt: Ich verdanke der Zusammenarbeit mit ihr viel und freue mich über diese Kooperation, die hoffentlich weitergeht. Viele Menschen haben mit mir über das Thema dieses Buches diskutiert, Korrektur gelesen, mir Anregungen geschickt, mich kritisiert oder Kurskorrekturen vorgeschlagen. Was wäre ich ohne diese Freundinnen, Freunde, Kolleginnen, Kollegen? Dazu zählen in alphabetischer Reihenfolge: Gökhan Akkum, Christian Fleißner, Michaela Fink, David Gronemeyer, Marianne Gronemeyer, Pauline Hentrup, Jonas Metzger, Tim Nürnberger, Reinhilde Stöppler und Anne Zulauf.

Ich bedanke mich bei diesen Rettern, ohne die ich in dem ebenso schwierigen wie aufregenden Thema untergegangen wäre …

Heinrich von Kleist hat einen berühmten Aufsatz geschrieben, der den Titel trägt: „Über die allmähliche Verfertigung des Gedankens beim Reden.“ So ist es mir mit diesem Thema und diesem Buch ergangen. Als ich mit den ersten Skizzen begonnen habe, wusste ich nicht, wohin mich das Schreiben führen würde. Die Aktualität des Themas ist unablässig über mich hereingestürzt – und die Verfertigung der Gedanken ist im Lesen, im Zuhören, im Reden über das Thema Dienstleistung vor sich gegangen. Deswegen waren die Begegnungen mit den genannten Menschen von fundamentaler Bedeutung für dieses Schreibversuch …

Reimer Gronemeyer

Der Autor

Reimer Gronemeyer, Jahrgang 1939, ist promovierter Theologe und Soziologe. Seit 1975 ist er Professor für Soziologie an der Justus-Liebig-Universität Gießen, wo er 2018 zum Ehrensenator ernannt wurde. Regelmäßige Forschungsprojekte führen ihn bis heute u. a. ins südliche Afrika.

Er ist Autor zahlreicher Sachbücher und wissenschaftlicher Veröffentlichungen. Seit vielen Jahren beschäftigt sich Gronemeyer mit Fragen der alternden Gesellschaft und des Umgangs mit Demenz und Sterben. Auf beiden Feldern ist er auch in mehreren Ehrenämtern tätig.

In der Edition Körber, dem Vorgänger-Verlag der Edition Einwurf, veröffentlichte Reimer Gronemeyer „Altwerden ist das Schönste und Dümmste, was einem passieren kann" (2015) und „Tugend. Über das, was uns Halt gibt" (2019).

Foto: Pietro Sutera

ISBN 978-3-89684-719-5
264 Seiten
ca. 24 €

Willi Lemke galt fast zwanzig Jahre als Inbegriff des Fußballmanagers. Er war aber auch Bildungssenator in Bremen und UN-Sonderberater für Sport.
Die Biografie zeichnet das Lebensbild einer spannenden Persönlichkeit, die in keine Schublade passte.

edition einwurf